Ewald Kugler

WECKE, WAS IN DIR STECKT!

Gewidmet allen,
von denen ich lernen durfte …

Ewald Kugler

WECKE, WAS IN DIR STECKT!

Chili-Impulse zur Persönlichkeitsentwicklung

BELTZ

Dieses Buch ist auch als E-Book erhältlich.
ISBN 978-3-407-22376-0

www.beltz.de

1. Auflage 2013

© 2013 Beltz Verlag, Weinheim und Basel
Umschlaggestaltung: www.stefanielevers.de (Gestaltung),
www.stephanengelke.de (Beratung)
Umschlag- und Innenillustration: © Stefanie Levers
Druck und Bindung: Beltz Druckpartner GmbH & Co.KG, Hemsbach
Printed in Germany

ISBN 978-3-407-85958-7

INHALT

ÜBRIGENS: Hast du zu viel von mir abgekriegt, helfen Joghurt, Milch und Käse (aber auch Hochprozentiges, da sich mein Capsaicin in Ethanol löst) – kaltes Wasser hingegen ist wirkungslos …

GANZ SCHÖN CHILI

Chili ist die einzige Frucht, die zurückbeißt, sagt ein indisches Sprichwort – und da ist schon was Wahres dran, wie wir wahrscheinlich alle aus eigener Erfahrung wissen. Sämtliche Versuche, Tieren anzutrainieren, das höllische Gewächs zu fressen, scheiterten. Tiere probieren es und spucken es gleich wieder aus. Anders bei uns Menschen – wir sind *lernfähig*.[1] Unser Gehirn lernt mit dem alles durchdringenden Schmerz im Rachen umzugehen und nach etlichen Versuchen finden wir sogar Gefallen daran. Wir *lernen, Chili zu mögen*.

Hier geht es um Lernen.
Hier geht es um *Ihre* Weiterentwicklung.

Davon handelt dieses Buch. Es ist ein Buch über Persönlichkeitsentwicklung – *Ihre* persönliche Entwicklung. Sie wollen lernen, sich weiterentwickeln? Ihr Potenzial voll ausschöpfen? Gut. Sie sind hier richtig.

Entfaltung, Entwicklung und Lernen sind unsere Bestimmung, unser Urzustand, sind unsere ureigenste Aufgabe. Es ist der Urtrieb des Universums, schreibt der Philosoph Ken Wilber. In einem dauerhaften Prozess entfaltet sich das Leben auf immer höherer Stufe – und da wollen wir doch keine Ausnahme bilden, oder?

Was es ist – und was nicht

Ich verstehe Persönlichkeitsentwicklung nicht als bloßes Aneignen von guten, vielleicht sogar exzellenten Tools, um das eigene Ego noch weiter aufzublasen. Im Gegenteil: Es sollte immer mehr um das Zurücknehmen des Egos gehen, damit das *Selbst,* unserer innerster Kern, stärker zum Vorschein kommen kann.

In der realen, äußeren Welt braucht dieses Selbst ein stabiles, gut entwickeltes und mit seiner Umwelt abgestimmtes *Ich,* um in einer sozial komplexen Welt erfolgreich agieren zu können und gut mit anderen auszukommen.

> Persönlichkeitsentwicklung heißt Wege finden,
> um mit sich selbst und anderen besser umzugehen.

Dazu bedient sich das Ich einer Reihe von Fähigkeiten, Fertigkeiten, Ressourcen oder – wie ich sie am liebsten nenne – *Qualitäten;* einige sind zentral und können am nachhaltigsten unsere persönliche Entfaltung vorantreiben: die *Schlüsselqualitäten.*

Aus meiner jahrelangen Erfahrung, aus unzähligen Seminaren über Kommunikation, Konflikt, Persönlichkeitsentwicklung, Team und Leadership sowie mithilfe von vielen Menschen, die ich in Coachingprozessen begleiten durfte, habe ich herausgefunden, dass es einige wenige wirklich essenzielle Qualitäten gibt, die die Entwicklung eines Menschen nachhaltig positiv und effektiv vorantreiben können: Ich nenne sie auch Entwicklungsbeschleuniger. Es sind dies:

1. Flexibilität
2. Mut
3. Loslassen
4. Lösungsorientierung
5. Selbstverantwortung
6. Kairos
7. Entscheidungen treffen
8. Ziele setzen
9. Konsequenz

Dieses Buch handelt von den 9 Entwicklungsbeschleunigern.

Mehr als die anderen

Grundsätzlich haben wir zwei große Optionen, unser Leben zu gestalten: *bewusst, nachdenkend, reflektiert* und *gezielt* oder *unbewusst, gedankenlos, konform* und *planlos.* Wo möchten Sie sich einordnen?

Die meisten von uns bewegen sich irgendwo *dazwischen,* denken also dann, wenn es nicht anders geht, *ein wenig* über sich selbst, ihr Leben, ihre Gewohnheiten und Ziele nach. Dazwischen, und das ist die überwiegende Zeit, leben sie ziemlich schaumgebremst: Genauso, wie sie erzogen wurden oder wie es ihnen der Mainstream, der Zeitgeist oder die Medien vorgeben.

Wenn Sie etwas mehr wollen, *mehr als der Durchschnitt,* sind Sie hier richtig ...

Wer von diesem Buch profitiert

Das ist ein Buch für **Rohdiamanten**: Menschen, die ihren Wert kennen, ihre persönlichen Potenziale erahnen und sich dabei bewusst sind, dass sie noch lange nicht alles ausgeschöpft haben. Der Wunsch, sich zu entfalten, ist ihr ständiger Begleiter.

Das ist ein Buch für **Lebenskünstler**: Menschen, die nicht die besten Startbedingungen für die Entwicklung ihres Lebens vorgefunden haben und gerade deswegen unbeugsam und konsequent das Beste aus sich und ihrem Leben machen. Der Wunsch nach mehr innerer Lebensqualität ist ihre Antriebsfeder.

Das ist ein Buch für »**Deserteure**«: Alle jene, die eine tiefe Unzufriedenheit mit der wirtschaftlichen, politischen oder gesellschaftlichen Situation verspüren, genug von Finanzkrise, politischem Sumpf und oberflächlichem Glamour haben. Menschen die zukünftig auf ihre eigenen Fähigkeiten und Qualitäten setzen statt auf Aktienkurse, Wertpapierdepot oder Mainstream-Unterhaltung: Der Wunsch, einen anderen Weg zu beschreiten und in die innere Entwicklung zu investieren, ist ihr Motiv.

Es ist ein Buch für angehende **Gesamtkunstwerke:** Menschen, die ausgewogen ihre Fähigkeiten und Fertigkeiten, ihre Kommunikation, ihre Emotionalität, ihre Gewohnheiten, also letztlich das, was wir Persönlichkeit nennen, auf gute, stimmige Weise entwickeln wollen. Der Wunsch, sich voll zu entfalten, ist ihr Leitstern.

Für alle gilt: Sie werden in diesem Buch nichts spektakulär Neues, Noch-nie-Dagewesenes finden. Sie müssen nichts Brandneues lernen, um weiterzukommen, Sie tragen bereits alles (oder das meiste) in sich – Sie müssen es nur konsequent *nutzen, kultivieren, anwenden, in die Welt bringen.* Dabei unterstütze ich Sie. Denn ...

Es wäre jammerschade, wenn es eine bessere Ausgabe von Ihnen gäbe, die Sie Ihrer Umwelt vorenthalten.

Das hier ist kein Zauberbuch, es wird Sie harte Arbeit kosten. Sie werden erleben, dass Sie manchmal in die alten Muster und Gewohnheiten zurückfallen und sich wieder an den Start zurückversetzt fühlen. So ist das nun einmal. Wichtig ist die *Tendenz,* zu erleben, *dass etwas weitergeht.*

Noch drei Gedanken, bevor ...

1. Dieses Buch ist ein Konzentrat.
Es enthält in konzentrierter Form das, worauf es ankommt. Detaillierte theoretische Hintergründe und Erörterungen habe ich bewusst kurz gehalten. Stattdessen biete ich Ihnen in kompakter, schlanker Form das Basiswissen für effektive Veränderung und Entwicklung – alles andere finden Sie an anderer Stelle.

Das heißt aber auch, dass es wenig Sinn macht, das Buch binnen kürzester Zeit zu überfliegen. Nehmen Sie sich Zeit und arbeiten Sie die für Sie relevanten Kapitel fundiert durch – denn:

2. Das hier ist kein Ratgeber, sondern ein Tatgeber.
Sie werden sich nicht damit begnügen können, einfach faul
auf der Couch oder in der Hängematte schaukelnd im Buch zu
schmökern – stellen Sie sich darauf ein, dass Sie etwas *tun müssen,* wenn Sie weiterkommen wollen!

Dazu finden Sie an jedem Kapitelende Impulse und Trai-
ningsanleitungen – die **Chili-Impulse und Übungen.** Sie funktionieren!

3. Ich habe hier nichts dem Zufall überlassen.
Der Aufbau, die Anordnung der Kapitel, die ausgewählten Trai-
ningssequenzen: Alles folgt einem durchdachten Aufbau. Ein
klarer Faden zieht sich von hier bis zu Ihrem ganz persönlichen
Umsetzungsplan am Ende des Buches: The Big Five + 2.

Am Ende steht der Transfer, das Üben, Umsetzen und Anwenden. Das wir *Ihr Part,* der schwierigste Teil – aber es hat ja
keiner gesagt, dass es ein Sonntagspaziergang wird, oder?

Sind Sie bereit?

Dann kann es losgehen.

Chili wird uns begleiten.

Worauf es bei einer Chili ankommt ...

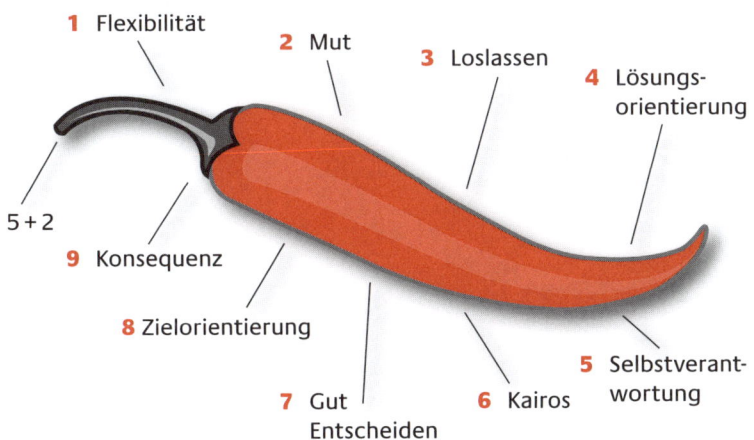

1 Flexibilität
2 Mut
3 Loslassen
4 Lösungs-
orientierung
5 + 2
9 Konsequenz
8 Zielorientierung
7 Gut
Entscheiden
6 Kairos
5 Selbstverant-
wortung

1 FLEXIBILITÄT
Müssen, Wollen, Können

Wer ständig glücklich sein möchte,
muss sich oft verändern

KONFUZIUS

Flexibilität kann zukünftig der vielleicht einflussreichste Schlüssel an Ihrem Schlüsselbund sein: Er öffnet Optionen, Chancen und Räume und lässt Sie Wege fortsetzen, wo andere stehen bleiben. Als Katalysator ist Flexibilität unverzichtbar, wenn es um *Loslassen, Lösungsorientierung,* das Wahrnehmen günstiger Momente *(Kairos)* oder das *Treffen von Entscheidungen* geht:

Flexibilität ist die *beste* Antwort auf eine sich rasch wandelnde, dynamische Welt.

IN DIESEM KAPITEL ERFAHREN SIE ...

- welche zentrale Bedeutung Flexibilität für Ihre persönliche Entwicklung hat;
- Flexibilität – zwischen Müssen, Wollen, Können;
- das Konzept der permanenten Veränderung und drei weitere Zugänge, um flexibler zu werden;
- wie Flexibilität gut abgestimmt mit ihrem Gegenspieler Konsequenz zu *Flexiquenz* führt;
- Übungsansätze, wie Sie Flexibilität praktisch im Alltag trainieren können.

Jeder ist flexibel – oder?

Egal, wen man fragt, so gut wie jeder behauptet von sich, flexibel zu sein. Sehr oft aber haben wir nicht gerade diesen Eindruck.

Wie oft wünschen wir uns, dass sich Menschen in unserem Umfeld *flexibler* verhalten (und sich damit unseren Erwartungen anpassen). Geht es aber um die Erwartungen der anderen an *unsere* Flexibilität, fühlen wir uns häufig vereinnahmt und genötigt. Hand aufs Herz: Sind Sie flexibel genug, sich Neuem zuzuwenden, wenn das Alte nicht mehr funktioniert?

Wir haben ein Labyrinth mit einem Eingang und fünf Ausgängen: Hinter Ausgang Nr. 4 verstecken wir etwas Käse für die Mäuse. Alles ist fertig, die Tiere werden hineingelassen. Sie finden sich rasch zurecht und erreichen nach einigem Suchen den Ausgang Nr. 4, wo das Futter als Belohnung wartet. Bei den nächsten Durchgängen geht es noch schneller, sie laufen rasch und ohne Umwege zu Ausgang Nr. 4.

Nun verändern wir die Anordnung: Wir platzieren den Käse hinter Ausgang Nr. 2 und beobachten, was passiert!

Die Mäuse laufen wie gewohnt zum Ausgang Nr. 4 und erkennen, dass sich die Situation verändert hat: Kein Käse mehr da! Kurz halten sie inne, dann machen sie sich sofort auf die Suche nach dem Ausgang, wo jetzt der Käse auf sie wartet. Wie beim ersten Mal erforschen sie das Labyrinth und werden bei Ausgang Nr. 2 fündig, um sich den verdienten Schweizer Emmentaler zu holen.

Das Experiment geht weiter mit der gleichen Versuchsanordnung, doch nun sind Menschen die »Versuchskaninchen«. Auch sie finden sich im Labyrinth rasch zurecht, finden Ausgang Nr. 4 und die zehn Euro, die dort als Belohnung für sie bereitliegen.

Bei den kommenden Wiederholungen ist es für die Menschen eine Kleinigkeit, Ausgang Nr. 4 zu finden, und sie freuen sich wegen des leicht verdienten Geldes. Wieder greifen wir ein und verschieben die Belohnung zu Ausgang Nr. 2 …

Jetzt passiert etwas Interessantes: Die erste Reaktion der Versuchsteilnehmer ist Verständnislosigkeit, manche reagieren sogar empört. Einige kehren zum Ausgangspunkt zurück und gehen *von Neuem* den Weg zum Ausgang Nr. 4 – vielleicht wurde irrtümlich ein falscher Weg eingeschlagen? Andere beschuldigen die Versuchsleitung: »Wo ist unser Geld! Bisher gab's immer 10 Euro, warum jetzt nicht mehr – Frechheit!« Andere vertreten die Meinung, dass es nur eine Frage der Zeit sei und man etwas Geduld aufbringen müsse; auch ein Sitzstreik bei Ausgang 4 wird erwogen …

Was Flexibilität ist – und was nicht

Flexibilität (von lat. *flectere*, biegen, beugen) bezeichnet die Fähigkeit, sich auf geänderte Anforderungen und Gegebenheiten der Umwelt einstellen zu können, gewohntes Denken und Verhalten zu hinterfragen, und die generelle Bereitschaft, Neues auszuprobieren.

Flexibilität darf nicht herhalten für austauschbare Beliebigkeit, planloses Ändern von Zielen und sprunghafte Launenhaftigkeit. Auch geht es weder darum, sich zu verbiegen, noch sich verbiegen zu lassen. Sie ist vielmehr die Fähigkeit, eine veränderte Situation mit eigenen Mitteln zu meistern – also ein *aktiver* Gestaltungsprozess.

Im Seminar mache ich gerne folgende Übung: Ich bitte die Teilnehmer, ihre Armbanduhr abzunehmen und sie einen Tag lang am anderen Handgelenk zu tragen – machen Sie es gleich einmal selbst! Wie fühlt sich das an?

Für viele ist das tatsächlich schwieriger als erwartet: Die Erklärungen gehen alle in die gleiche Richtung, wie: »Das stört beim Arbeiten, es fühlt sich ungewohnt an und lenkt ab, die Weite des Armbands stimmt nicht …« usw.

Was aber ist, wenn eine so *einfache* Aufgabe schon so viel Widerstände auslösen kann, erst mit den Anforderungen, die uns in Beruf und Alltag »serviert« werden?

Flexibilität besteht zu einem Großteil aus einem *grundsätzlichen Ja zu Veränderungen*.

Damit ist nicht gemeint, dass wir mit allen Veränderungen einverstanden sein müssen, sondern dass wir sie als fixen Bestandteil des Lebens *akzeptieren*.

Will ich – oder muss ich?

Sicher ist Ihnen schon aufgefallen: Jede Veränderung ist zunächst unbequem. Das liegt einfach darin, dass jede Veränderung einen erhöhten Verarbeitungsaufwand im Gehirn nach sich zieht.

Nehmen wir ein einfaches Beispiel: Sie fahren schon seit langer Zeit den gleichen, gewohnten Weg zum Arbeitsplatz. Doch heute ist plötzlich alles anders: Man hat eine Einbahnstraße umgedreht, ab jetzt heißt es, einen anderen Weg nehmen. Was ist Ihre erste Reaktion: Ärger? Unmut? ... oder *freuen Sie sich etwa, dass etwas anders, neu ist* in Ihrem Leben?

Der springende Punkt liegt im Unterschied zwischen *Müssen* und *Wollen*. So wird der neue Fahrweg als von außen auferlegt und abverlangt erlebt – und nicht als selbst gewählte und herbeigeführte Veränderung, d. h., Sie *müssen* flexibel reagieren. Während das Tragen der Uhr am »falschen« Handgelenk noch als verspielte, aber selbst gewollte Geste empfunden wird, nehmen wir die geänderte Einbahnstraße als eine von außen aufoktroyierte Veränderung wahr – gegen die man sich nicht wirklich wehren kann. Daraus ergibt sich eine wesentliche Frage:

Will ich – oder *muss* ich flexibel sein?

Damit lässt sich Flexibilität prinzipiell von zwei Seiten sehen:
(a) Flexibilität als *Anforderung der Umwelt (= Müssen)*: Insbesondere die Arbeitswelt verlangt von uns zunehmend, dass wir mehr Anpassungsfähigkeit, Lernwilligkeit, Kompromissbereitschaft und Reaktionsfähigkeit zeigen. Dieser externe Druck (wie Arbeitszeitflexibilität, Überstunden, Mehrar-

beit, Dienstreisen, Ortswechsel usw.), wird überwiegend als negativ empfunden, was die Ambivalenz gegenüber der Forderung nach mehr Flexibilität erklärt.

(b) Dem gegenüber steht Flexibilität als *persönliches, inneres Streben (= Wollen)* nach Entfaltung und Abwechslung, also der Wunsch, Neugier und Variationstrieb auszuleben (vor allem in Urlaub und Freizeit, bei Sport und Hobby). Aus diesem Blickwinkel wird Flexibilität mit Spontaneität, Offenheit, Abenteuerlust, Selbstständigkeit und Abwechslungsreichtum assoziiert. Flexibilität als inneres Streben ist individuell sehr unterschiedlich ausgeprägt und hängt ab von der Disposition, den Prägungen aus der persönlichen Entwicklungsgeschichte sowie der aktuellen Lebenssituation. Wir bezeichnen das Vermögen, Situationen mit Flexibilität begegnen zu können, auch als *Flexibilitätspotenzial (= Können)*.

Stellen wir jetzt das Flexibilitätspotenzial eines Menschen seinen Anforderungen aus der Umwelt gegenüber:

Wie flexibel *will/kann* ich sein ←···→ wie flexibel *muss* ich sein;

dann ergeben sich daraus zwei Möglichkeiten:

1. Das persönliche Flexibilitätspotenzial ist größer als der äußere Druck: Dann wird eine Anforderung als *Herausforderung* gesehen, der mit dem Motto begegnet wird: *Ich will und kann flexibler sein, als ich es muss!*
2. Ist hingegen das Potenzial eines Menschen geringer als der äußere Druck, dann wird die Situation als Belastung und Beeinträchtigung erlebt nach dem Motto: *Ich muss (schon wieder) flexibler sein, als ich es eigentlich will (und kann)* ...

Welcher Gruppe wollen wir angehören? – der ersten vermutlich! Das setzt voraus, dass wir auch über ein *großes* Flexibilitätspotenzial verfügen ... womit wir auch schon bei den Möglichkeiten zur Erweiterung von Flexibilität wären.

Schätzungen gehen davon aus, dass wir zu über 95 % jeden Tag die gleichen Denk- und Handlungsmuster nutzen – »eingefahrene Geleise« sind das Ergebnis, mit keinem oder kaum Spielraum für Kreativität und Innovation. Je öfter wir uns jedoch *aktiv* (d. h. selbst) verändern, desto breiter wird der »Pfad des Neuen« im Gehirn gebahnt.

Flexibilität hat also viel mit der *Fähigkeit, flexibel zu denken,* zu tun – und das ist einerseits *Einstellungssache* (prinzipielle Bejahung von Veränderung) und andererseits eine *Fähigkeit,* die sich einüben und trainieren lässt:

Flexibles Denken ist Einstellungssache.
Flexibles Handeln lässt sich trainieren.

Dazu gibt es mehrere Möglichkeiten; wir beschäftigen uns hier mit den vier interessantesten Übungsansätzen:
1. Das Konzept der permanenten Veränderung;
2. Denken in Möglichkeiten;
3. flexibles Planen;
4. Offenheit für Neues.

1. Das Konzept der permanenten Veränderung

Da das ganze Leben dauernde Veränderung ist, führt es bei den meisten Menschen wie von selbst zu einer Art Kernkompetenz, gut und manchmal besonders gut auf Veränderung reagieren zu können. Und je öfter wir Veränderung *aktiv anstoßen,* umso leichter fällt es, mit von außen auferlegten Veränderungen umzugehen.

Also springen wir auf den schon fahrenden Zug auf und *sorgen selbst* für viele, kleine Veränderungen, um aktiv unsere Flexibilität *zu trainieren.* Wir nennen das:

Das Konzept der permanenten Veränderung:
Einmal täglich etwas ein wenig anders machen als sonst.

Machen Sie einmal am Tag etwas, was Sie *so* noch nie gemacht haben – der Veränderung wegen. Das können unterschiedliche Wege, kleine Handgriffe, Routinen und Tätigkeiten im Alltag sein. Begrüßen Sie dieses Durchbrechen der Alltagsroutine als etwas Positives – und verknüpfen Sie damit Lernen und Veränderung mit einem positiven Gefühl!

Es ist ein später Julinachmittag, ich habe eben noch an diesem Buchkapitel gearbeitet und brauche dringend eine »schöpferische« Pause. So ziehe ich meine Laufschuhe an und wenig später bin ich auch schon auf einer meiner beiden Laufstrecken nach Muckendorf. Es geht flott dahin, die Bewegung tut mir gut (siehe auch ⇢ *7 Gut entscheiden*).

Nach dem langen Weg zwischen den Feldern geht es vorn beim Gutshof in einer langen Rechtskurve weiter – mein Blick schweift voraus, ich schaue, ob irgendjemand vor mir unterwegs ist.

Plötzlich bleibt mein Blick vorn an der Abzweigung hängen, geht *nach links,* eine stumme Frage taucht auf: *Warum nicht nach links?*

Plötzlich ist sie da, die Erkenntnis: Solange ich hier lebe und diese Runde laufe, folge ich, logisch durchaus plausibel, dem Weg *nach rechts.* Noch nie bin ich in die Siedlung *nach links* eingebogen, weiß daher bis heute nicht, wie es dort ist, wie sich der Weg dort fortsetzen lässt … Ich schreibe gerade im Kapitel Flexibilität über *Das Konzept der permanenten Veränderung* und laufe seit über 15 Jahren die gleiche Strecke …

Der Rest ist wenig überraschend: *»Ich tue das, um meine Flexibilität zu stärken«,* und schon schwenke ich *zum ersten Mal* nach links. Wieder zu Hause, schlage ich ein Zitat nach, das ich mir einmal notiert habe:

Lehrer sind nicht vollkommen, sonst wären sie nicht hier. Doch es ist ihr Auftrag, vollkommen zu werden, und so lehren sie Vollkommenheit. Immer wieder, auf viele verschiedene Weisen … *bis sie selbst die Lektion gelernt haben.*

2. Denken in Möglichkeiten

Flexibilität heißt auch, neue Optionen zu bestehenden hinzuzufügen. Also nicht nur einen (gewohnten) Weg zu sehen, sondern zwei, drei, vier – je mehr, desto besser!

Denken *in Möglichkeiten* heißt, mehr als eine Vorgangsweise zu entwickeln.

Das gilt insbesondere auch für schwierige Situationen. Während andere Menschen schon zufrieden sind, für ein Problem *eine* Lösungsidee gefunden zu haben, gehen wir einen Schritt weiter: Gewöhnen Sie sich an, immer *mehrere* (zumindest zwei) Lösungsansätze zu entwickeln (vgl. auch ⇢ 4 *Lösungsorientierung*). Das bringt zwar zunächst ein Mehr an Aufwand mit sich, zahlt sich aber später durch gesteigerte Flexibilität und Kreativität vielfach aus!

Haben Sie beispielsweise am Arbeitsplatz Schwierigkeiten mit einem Kollegen, einer Kollegin, probieren Sie *verschiedene* Strategien aus, um das zu bekommen, was Sie von Ihrem Gegenüber brauchen: Seien Sie einmal höflich und nett, dann sachlich-neutral, nehmen Sie sich Zeit, machen Sie Druck, schreiben Sie eine zuckersüße Mail, geben Sie sich irritiert … und finden Sie heraus: Welche Strategie führt am ehesten zum gewünschten Ziel? Flexibilität heißt also hier:

Verändern Sie Ihr Verhalten *so lange,* bis Sie bekommen, was Sie wollen.

Sind wir erst einmal gut trainiert im *Denken in Möglichkeiten,* dann fällt es auch nicht schwer, wenn bei auftauchenden Schwierigkeiten die *gewohnten* Lösungsversuche nicht greifen, etwas Neues auszuprobieren – und damit den vielleicht entscheidenden Schritt weiterzukommen.

3. Flexibles Planen

Flexibilität lässt sich auch immer anwenden und üben, wenn Sie eine Sache planen bzw. sich ein Ziel stecken (vgl. Plan-B-Strategien bei → *8 Zielorientierung*): Das bedeutet, dass Sie sich zur Planung eines Vorhabens, Projekts oder Konzepts eine zweite Variante, eben einen »Plan B« mitüberlegen, falls das eigentliche Vorhaben scheitert.

Dadurch, dass Sie Störfaktoren und überraschende Wendungen, die den Verlauf ändern könnten, mit berücksichtigen, wird Ihr Gesamtkonzept stabiler und weniger krisenanfällig; und für das Trainieren von Flexibilität bedeutet das:

> Plan B fördert flexibles Denken.

… und meist entdecken wir dabei auch einen deutlich besseren Weg, als den ursprünglichen.

FLEXIBILITÄT

4. Offenheit für Neues

Flexibilität hat viel damit zu tun, wie *offen* wir für Anregungen, Feedback und Impulse von außen sind. Auch die Bandbreite der Interessen ist ein guter Indikator für flexibles Denken; unflexible Menschen beschäftigen sich mit weniger Themen und versuchen eher einmal, erworbene Strategien beizubehalten.

> Flexibilität wird durch permanentes Dazulernen gefördert und eröffnet die Chance, sich kreativ zu entfalten.

Die Empfehlung lautet also, sich mit möglichst vielen unterschiedlichen Themenkreisen zu beschäftigen: Lesen Sie viel, setzen Sie sich mit andersdenkenden Menschen auseinander und fragen Sie sie nach ihren Standpunkten, Ideen und Meinungen. Schließen Sie niemanden von vornherein als potenziellen Lernpartner aus – von jedem lässt sich etwas lernen!

Natürlich kann man Flexibilität (wie jede Tugend) auch übertreiben. Ausuferndes, willkürliches Verändern um jeden Preis ohne Richtung und Ziel führt rasch in effektlose Planlosigkeit. Eine starke Flexibilität braucht daher zur Balance einen ebenso starken Gegenspieler: Konsequenz, Ausdauer und Beständigkeit.

Flexiquenz

Ab jetzt gibt es einen neuen Begriff in Ihrem Wortschatz: Flexiquenz! *Flexiquenz* bildet sich aus den beiden Wörtern *Flexibilität* und *Konsequenz*.

Beide Qualitäten werden zunehmend eine wichtige Rolle in Ihrem Leben spielen, wenn Sie sich ihrer bewusst sind, sie entwickeln und im richtigen Moment zum Einsatz kommen lassen – entscheidend ist das *Zusammenspiel* der beiden.

> Flexiquenz ist das ideale Zusammenspiel von *Flexibilität* und *Konsequenz* (siehe auch → 9 Konsequenz).

Wer sich scheut, den steinigen Weg des Übens zu gehen, und ungeduldig von einer Idee zur nächsten springt, verwechselt (falsch verstandene) Flexibilität mit fehlender Konsequenz und Ausdauer!

Und umgekehrt: Hartnäckiges Verbeißen in eine (aussichtslose) Sache nach dem Prinzip *mehr desselben* ist kontraproduktiv – hier wäre eindeutig Flexibilität gefragt. Flexibilität und Konsequenz kann man sich als zwei Pole auf einem Kontinuum vorstellen. Die beiden Gegenspieler verlangen, um nicht auszuufern, jeweils nach ihrem Gegenüber, um in Balance zu bleiben.

Damit ist Flexiquenz dann am effektivsten, wenn *beide* Qualitäten *stark entwickelt* sind und keine von beiden eine Vorrangstellung einnimmt. Und *Ihr* innerer Manager entscheidet aktuell, wer gerade zum Einsatz kommt – und wer pausiert.

Chili-Impulse und Übungen

Hat man erst einmal den Wert eines großen Flexibilitätspotenzials erkannt, möchte man es auch entwickeln. Hier alle Ansätze auf einen Blick:

[1] Impuls-Sätze Flexibilität

Ich bin flexibler als mein Umfeld!
Ich begrüße Abwechslung!
Meine Flexibilität ist meine Stärke!
Flexibilität erhöht meine Attraktivität!
Ich bin Teil der Veränderung – und gestalte sie!

Welcher der angeführten Sätze spricht Sie am meisten an? Schreiben Sie ihn auf und bringen Sie ihn an einer gut sichtbaren, günstigen Stelle an. Lassen Sie ihn für 2 Wochen da.

[2] Flexibilität-Konsequenz-Gegenüberstellung

Schätzen Sie sich selbst auf einer Skala (0...100) ein: Wie ausgeprägt sind die beiden Kompetenzen Flexibilität und Konsequenz (unabhängig vom jeweils anderen)?

- Wer bekommt wie viel? Wer dominiert, wer hinkt hinterher?
- Welcher der beiden ist daher zu stärken? *Flexibilität* oder *Konsequenz*?
- Woran merken Sie, dass der Schwächere aufgeholt hat?
- Wo könnten Sie diesen Kompetenzzuwachs wirklich gut gebrauchen? Wie wird er sicht- und spürbar?

[3] Flexibilität – Einstellung

Entwickeln Sie eine positive Grundeinstellung zu Flexibilität – der Alltag mit seinen vielfältigen Überraschungen ist dafür das beste Übungsfeld:

- Taucht etwas Neues auf – begrüßen Sie es in Gedanken!
- Rechnen Sie bewusst mit Überraschungen und Unerwartetem!

- Kommentieren Sie Unerwartetes mit der inneren Haltung: *Wunderbar – das ist eine Trainingseinheit für meine Flexibilität!*
- Sind Sie mit anderen zusammen, *stellen Sie sich vor*, dass Sie *der/die Neugierigste und Flexibelste* der Runde sind!

[4] Konzept der permanenten Veränderung

Trainieren Sie, Neues zu antizipieren, um dann, wenn es von Ihnen verlangt wird, leichter mit von außen kommenden Veränderungen umgehen zu können:

- Machen Sie jeden Tag eine kleine Sache etwas anders!
- Wenn Sie etwas mit einer Hand gut können, lernen Sie es mit der anderen. Wechseln Sie spontan beide Hände ab und bleiben Sie dabei in der vollen Aufmerksamkeit!
- Verlassen Sie bewusst eingefahrene Wege (Umwege erhöhen die Ortskenntnisse!)!
- Verändern Sie hin und wieder einmalig den Ablauf von Routinehandlungen und Abläufen!
- Probieren Sie in regelmäßigen Abständen neue Speisen aus, verändern Sie Frisur und Kleinigkeiten im Outfit!
- Sexuelle Experimente und Variationen erweitern nicht nur den Erfahrungsschatz, sie halten auch eine Beziehung lebendig – zumindest auf der erotischen Seite!
- Lernen Sie jedes Jahr etwas Neues!

Kommentieren Sie diese Handlungen mit dem Gedanken: *Ich mache das, um meine Flexibilität zu trainieren!*

[5] Körperliche Flexibilität

Was für Ihre mentale Flexibilität gilt, findet seine Entsprechung auch auf körperlicher Ebene:

Finden Sie ein gutes, für Sie stimmiges Dehnungskonzept für Ihre Muskeln und erweitern Sie Ihren Bewegungsumfang. Und freuen Sie sich über die schon nach kurzer Zeit sicht- und spürbaren Erfolge …

> **[6] 21-Tage-***** Flexibilitäts-Kur**
>
> Was wäre, wenn Sie über 50 % mehr Flexibilität verfügen würden? Woran merken Sie das als Erstes? Was könnte Ihnen das ermöglichen? Spielen Sie den Gedanken in allen Facetten durch …
>
> Haben Sie eine ruhigere Zeit vor sich, könnte es ein guter Zeitpunkt für eine 21-Tage-*****Flexibilitäts-Kur sein – die Anleitung finden Sie im Anhang!

Praxis-Tipp

Seine Flexibilität zu trainieren ist eine wunderbare Sache und ich kann Sie nur ermutigen, das auch zu tun. Wie bei jedem anderen Training auch besteht aber auch hier die Gefahr der Übertreibung.

Damit es gar nicht so weit kommt, wechseln Sie Ihr Flexibilitätstraining immer wieder mit Zeiten ab, in denen Sie Ihren alten, schon lange eingefahrenen Mustern und Abläufen folgen – umso mehr macht es dann wieder Spaß, flexibel und spontan auf die Welt zuzugehen!

Der Weg des Bibers

Wissen Sie, wie man einen Biber fängt? Es ist ganz einfach. Sie müssen nur wissen, dass der Biber jeden Tag denselben Weg von seinem Bau hinunter zum Fluss nimmt.

Sie stellen also eine Falle auf, genau auf dem Weg des Bibers mit der Öffnung zu seinem Bau, und warten.

Der Biber erwacht am Morgen, verlässt seine Höhle, sieht schon von Weitem die Falle auf seinem Weg, schluchzt und weint, weint und schluchzt … *und geht seinen Weg.*

ZUSAMMENFASSUNG

1. **Flexibilität ist der Zentralschlüssel.** Er öffnet Optionen, Chancen und Räume. Er lässt Wege und Prozesse fortsetzen, wo andere in starrer Gewohnheit verharren.

2. Flexibilität besteht zu einem großen Teil aus einem grundsätzlichen **Ja zu Veränderungen.**

3. Flexibilität wird entweder als Anforderung der Umwelt **(Müssen)** oder inneres Streben **(Wollen)** erfahren.

4. Ist das **Flexibilitätspotenzial (Können)** größer als eine Anpassungsforderung, dann wird sie als positive Herausforderung erlebt, andernfalls als Belastung und Beeinträchtigung.

5. Flexibles Denken ist Einstellungssache.
   Flexibles Handeln lässt sich trainieren.

6. Das **Konzept der permanenten Veränderung:** Einmal täglich etwas ein wenig anders machen als bisher.

7. Denken in Möglichkeiten, Plan B und Offenheit für Neues fördern flexibles Denken.

8. Flexibilität und Konsequenz (siehe →*9 Konsequenz*) sind zwei Qualitäten die sich wechselseitig in Balance halten. Im kraftvollen, ausgewogenen Zusammenspiel ergibt sich **Flexiquenz.**

9. **Satz der Flexibilität:** Wenn etwas nicht funktioniert oder du etwas gut beherrschst, mach etwas anderes (Satz der Konsequenz: Bleib an einer Sache, bis du Erfolg hast).

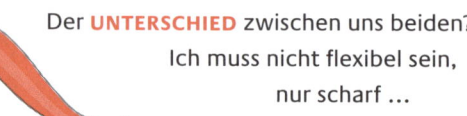

Der **UNTERSCHIED** zwischen uns beiden?
Ich muss nicht flexibel sein,
nur scharf …

2 MUT
100 % mehr – mindestens

Wenn es wirklich stimmt, dass wir nur einen
Bruchteil dessen leben, was in uns ist –
was geschieht dann mit dem Rest?

PASCAL MERCIER

Raus aus der Enge des Gewohnten, rein ins pure Leben des Möglichen – das trifft am besten, was sich viele von uns wünschen … Wenn es da nicht die Komfortzone gäbe, die uns fest im Griff hat.

Stellen Sie sich vor, Sie verfügen ab sofort über *doppelt so viel Mut:* Was wäre Ihnen damit möglich? Was würden Sie damit anfangen? Welche Projekte nehmen Sie in Angriff, womit beginnen Sie?

IN DIESEM KAPITEL ERFAHREN SIE …

- die unbestreitbaren Vorteile der Komfortzone – und warum es sich trotzdem lohnt, sie zu verlassen;
- woran Sie erkennen, dass Sie an der Komfortzonen-Grenze stehen;
- was Ihren Mut bremst – und dass es als Lösung nur Selbstüberwindung gibt;
- dass viele kleine Mut*proben* Ihren Mut mehr *proben* als *ein* Husarenstück;
- wie Sie den Alltag nutzen, um Ihren Mut weiterzuentwickeln.

Kuschelkurs Komfortzone

Machen Sie es sich noch einmal so richtig gemütlich ... in Ihrer *Komfortzone*. Das ist der Bereich Ihres Lebens, in dem Sie sich rundum wohlfühlen. Hier kennen Sie alles und fühlen sich sicher. Ein lauschiges Plätzchen – physisch und psychisch. Alles, was Sie hier tun, lässt sich barrierefrei durchziehen und Überraschungen sind hier eher selten:

Die Komfortzone des Lebens spendet Sicherheit, Wohlgefühl und vermeidet Überraschungen.

Für die Komfortzone spricht eindeutig, dass es ein toller Aufenthaltsort ist, so sicher und bequem finden Sie es nirgendwo im Universum. Allerdings ist es hier auch ziemlich eng: Alles *Neue*, was Sie erleben möchten, und die damit verbundenen Ängste liegen *außerhalb* Ihrer Komfortzone.

Wenn Sie schon einmal bewusst etwas in Ihrem Leben verändern wollten, sind Sie höchstwahrscheinlich auch auf dieses Problem gestoßen: Sich zu ändern ist schwierig, *weil es komfortabler ist, sich nicht zu verändern.*

Zu warten, dass Sie angerufen werden, ist angenehmer, als selber zum Telefon zu greifen. Sich zu langweilen ist komfortabler, als sich zu entscheiden, aktiv zu werden. Ein Fußball-TV-Abend ist komfortabler, als selber rauszulaufen auf den Rasen. Auf das Ende des Lebens zu warten ist komfortabler, als davor das Leben auszuloten ...

Dass etwas komfortabler ist, heißt aber noch lange nicht, dass es die *bessere Wahl* ist. Wenn Sie bewusst etwas verändern und verbessern wollen, müssen Sie eine Entscheidung dafür treffen und den Komfort hinter sich lassen. Sie müssen sich aufraffen und etwas *tun* – und das alles *außerhalb Ihrer Komfortzone.*

Das Neue liegt außerhalb der Komfortzone.

Stellen Sie sich in die Mitte des Raumes und ziehen Sie mit einem Stück imaginärer Kreide einen Kreis mit einem Meter Radius um sich, sodass Sie in der Mitte stehen. Innerhalb dieses Kreises liegt Ihre Komfortzone. Alles, was Sie gut und sicher können, wo Sie sich sicher und wohlfühlen, ist innerhalb dieses Kreises.

Jetzt stellen Sie sich einen zweiten Kreis vor – ziemlich weit weg, etwa 10 Meter Radius! Dieser äußere 10-Meter-Kreis stellt die einzig echte, »harte« Grenze dar, die uns unsere menschliche Existenz auferlegt. So können Sie beispielsweise Ihre Körpergröße nicht halbieren oder verdoppeln – diese Möglichkeiten liegen eindeutig *außerhalb* der 10-Meter-Grenze.[3]

Interessant wird es, wenn Sie sich den Bereich zwischen dem 1-Meter-Kreis und dem 10-Meter-Kreis anschauen: Was hat da alles Platz! Das ist der Bereich des real-faktisch *Möglichen,* aber weitgehend unerforschtes Terrain! Möglichkeiten ohne Ende …

Der Bereich des Möglichen ist größer, als wir glauben.

Sie könnten aus Ihrem 1-Meter-Kreis hinaustreten und Neuland erforschen, neue, aufregende Erfahrungen machen – aber dabei auch ungewünschte und unbequeme Gefühle riskieren. Also vielleicht doch lieber in der Enge der *sicheren* Komfortzone bleiben …

Nein, so schnell geben wir nicht auf! Lassen Sie uns ganz nüchtern betrachten, was für eine Komfortzonen*erweiterung* spricht:

Drei gute Gründe, die Komfortzone zu erweitern

1. *Wir werden angstfreier* – und das ist wirklich ein gutes Gefühl! Viele unserer Ängste dienen (bzw. dienten ursprünglich) zu unserem Schutz, wir werden durch sie alarmiert, um zu kämpfen oder zu flüchten – doch sind sie heute unbegründet.

Sei es die Angst, nicht mehr weiterleben zu können, wenn sich der Partner trennt oder man den Job verliert, zu verhungern, wenn man pleitegeht, ausgestoßen zu werden, wenn man sich beim nächsten Meeting blamiert. Und dann noch die Mutter aller Ängste, die *Angst vor Veränderung!* Das alles engt ein, behindert, ohne dass wir es merken. Dadurch, dass Sie sich diesen Ängsten stellen und durch sie durchgehen, lösen Sie sie auf, nehmen ihnen Angst und Schrecken, werden *freier* ...

2. *Wir werden flexibler* – je mehr Probleme wir mutig lösen, desto lösungsoffener werden wir!

Je mehr wir ausprobieren und erleben,
  desto größer wird unser Erfahrungsschatz ...

... und umso eher gehen wir lösungsorientiert (siehe →4 *Lösungsorientierung*) mit Herausforderungen um. Nicht die Angst bestimmt die Lösung, sondern unsere Intuition und der Verstand.

Normalerweise meldet sich die Angst, die dann eine Lösung (innerhalb der Komfortzone) vorgibt, die schließlich der Verstand logisch rechtfertigen muss als die beste aller möglichen Entscheidungen – ohne dass wir mitbekommen, was hier passiert. Je mehr wir uns aber dieser Mechanismen bewusst werden, umso mutiger können wir auf unsere Intuition hören ...

Es ist Anfang Dezember an einem frühen Abend, ich sitze in einem großen Nobelhotel in der City und wohne der feierlichen Verleihung des *Goldenen Flip-Charts* bei: Die besten Seminarhotels werden in einer jährlichen Preisverleihung gekürt. Etwa 300 geladene Gäste folgen im abgedunkelten Saal dem Ablauf auf der hell erleuchteten Bühne. Neben mir sitzt Norbert, ein Trainerkollege und Freund. Zäh schleppt sich das Ganze dahin.

Endlich kommt der Höhepunkt, der erste Platz wird feierlich verkündet! Der Moderator bittet die Hotelchefin, deren Hotel gewonnen hat, auf das Podium, überreicht ihr ein Mikro, damit sie die üblichen Dankesfloskeln loswerden kann. Die Hotelmanagerin freut sich, bedankt sich bei allen, die ihrem Haus die Stimme gegeben haben, danach der Dank an alle Mitarbeiterinnen und Mitarbeiter, ohne die dieser tolle Erfolg niemals möglich gewesen wäre. Eine Rezeptionistin habe sie sogar heute mitgenommen, sagt sie, stellvertretend für das ganze Team, da unten sitze sie, in der zweiten Reihe …

In diesem Augenblick erhebt sich Norbert, schlängelt sich durch unsere Sitzreihe vor bis zum Mittelgang, geht zügigen Schrittes nach vorn, hält kurz vor der Bühne an, dreht sich zum Auditorium, streckt eine Hand einladend zur angesprochenen Hotelmitarbeiterin und verkündet mit klarer, deutlicher Stimme, dass die junge Dame einen Sonderapplaus verdient habe und auch auf der Bühne stehen sollte!

Ein Moment lang Stille, der Moderator, die Hotelchefin, der ganze Saal sind perplex, vielleicht zwei, drei Sekunden vergehen, dann donnernder Applaus, man macht Platz, die Mitarbeiterin steht wenig später auf der Bühne, am verdienten Platz, bekommt ebenfalls das Mikrofon.

Norbert ist schon wieder zurück auf dem Weg zu seinem Platz, lässt sich lächelnd neben mir in den Stuhl fallen. Ich bin sprachlos. Er hat der Situation eine ungeplante, aber stimmige, überraschend-positive Wendung gegeben. Woher nimmt er den Mut für so etwas?

3. *Das Leben wird interessanter und die Lebensqualität steigt!* Alle bisher genannten Argumente wären nutzlos, wenn sie nicht unsere Lebensqualität erhöhen. Dadurch, dass wir den Bereich des freien Handelns stetig erweitern, lernen wir neue Menschen kennen, entwickeln wir neue Fähigkeiten, kommen an Orte, wo wir noch nie waren.

Das heißt nicht, dass wir alles tun *müssen,* was in einer erweiterten Komfortzone an Optionen auf uns wartet – aber wir *haben die Möglichkeit* dazu. Darum geht es.

Wie wir unseren Mut (selbst) bremsen

Das Wort »Mut« stammt aus dem Altgermanischen *muod* (erregt sein, nach etwas trachten) und bedeutete ursprünglich Leidenschaft, Entschlossenheit. Bis ins 19. Jahrhundert bezeichnete »Muth« die *Hoffnung auf einen guten Ausgang,* um in der heutigen Zeit als Tugend mit der Bedeutung von Tapferkeit in Verbindung gebracht zu werden.

Mut in einer Situation zu zeigen muss sich nicht zwangsläufig auf eine tatsächlich gefährliche Situation beziehen:

> Wer vor einer Situation Angst hat, die objektiv
> ungefährlich ist, verhält sich mutig, wenn
> er sich ihr aussetzt – und dazulernt.

Auf dem Weg zu mehr Mut ist Erkenntnis der erste Schritt – nämlich herauszufinden, wo die ganz persönlichen Mut-Bremsen versteckt sind: Ist es Gewohnheit, Unsicherheit, Bequemlichkeit oder schlichte Angst? Oder ein enger Verwandter der Bequemlichkeit, der Schlendrian?

> Die häufigsten Mut-Bremsen sind Gewohnheit,
> Bequemlichkeit, Schlendrian – oder Unsicherheit
> und Angst.

Manchmal setzt sich der innere Schweinehund aus einer Mischung von mehreren Mut-Bremsen zusammen – finden Sie heraus, wie *Ihr* innerer Schweinhund heißt, sich zeigt und wann er auf den Plan tritt. Werden Sie sich Ihrer inneren Widerstände bewusst, die Sie hindern, mutig(er) zu handeln!

Während Kinder noch Spaß daran haben, sich langsam an ihre Grenzen heranzutasten, um von Tag zu Tag mutiger zu werden, haben wir Erwachsenen diesen Zugang irgendwann verloren und uns arrangiert: Unlust und Komfortverlust werden um jeden Preis vermieden, weil es *Selbstüberwindung* braucht, gegen die *Schwerkraft des Alltags* anzukämpfen …

Diese Selbstüberwindung ist der Schlüssel zu mehr Mut und Freiheit; am besten funktioniert das im Alltag und bei jeder sich bietenden Gelegenheit, bei den kleinen »Mutproben« der Erwachsenen:

Mut + Probieren = Mutproben

Wenn Sie sich ändern und entwickeln, brechen Sie in neue Welten auf. Sie sammeln neue Erfahrungen, finden viel über sich und die Welt heraus. Diese neuen Entdeckungen können noch verwirrend, seltsam oder unangenehm sein, weil sie noch nicht innerhalb Ihrer Komfortzone liegen. Bleiben Sie aber weiterhin dabei, dann wird das Gehirn mit jeder Erfahrung eine neue Verknüpfung anlegen, so lange, bis Sie Ihren Komfort mit dem Neuen gefunden haben.

> Unser Gehirn ist eine Lernmaschine. Mit jeder neuen Erfahrung werden neue Verknüpfungen angelegt.

Darüber hinaus werden wir nach jeder bestandenen Mutprobe sofort mit einer Extraportion Glück belohnt!

Selbstüberwindung lässt sich trainieren. Beginnen Sie mit kleinen Überwindungen des Alltags – es geht weniger darum, sich großen Gefahren auszusetzen oder sportliche Herausforderungen zu meistern, sondern bewusst in Situationen einzutauchen, die uns schwerfallen und Selbstüberwindung erfordern:

- den eigenen Standpunkt vertreten;
- das Setzen von Grenzen und Wahren von Interessen;
- das Auf-sich-aufmerksam-Machen, wenn es um Sichtbarkeit geht;
- das Neinsagen und Austragen von Konflikten;
- die Kontaktaufnahme mit Unbekannten und offenes Zugehen auf andere;

- das Ansprechen von Missständen;
- das Zeigen von Zivilcourage;
- das Ausprobieren und Experimentieren mit neuen Möglichkeiten (z. B. eine neue Frisur, ein neuer Urlaubsort …);
- das Aufgeben von Sicherheiten, die einengen.

Sie werden sehen, Ihr Alltag fordert Ihnen mehr Mutproben ab, als Sie glauben. Wenn wir uns darauf einlassen. Und noch einmal das Wichtigste:

> Viele kleine Mutproben sind wirkungs-
> voller als eine große Herausforderung.

Chili-Impulse und Übungen

Mut lässt sich entwickeln, wie ein Muskel – wie im Krafttraining. Auch dort brauchen Sie die richtigen Übungen und ein wenig Geduld: Der beste Ort, Mut zu trainieren, ist der Alltag.

[7] Impuls-Sätze Mut
Ich gehe einen Schritt weiter!
Konfrontation stärkt!
Ich überwinde mich!
Mut tut gut!
Accept no limits!

Welcher der angeführten Sätze spricht Sie am meisten an? Schreiben Sie ihn auf und bringen Sie ihn an einer gut sichtbaren, günstigen Stelle an. Lassen Sie ihn für 2 Wochen da!

[8] Komfortzonen-Projekte
Eine erste, feine Einsteigeraufgabe. Zeichnen Sie auf ein großes Blatt Papier zwei konzentrische Kreise. In den inneren Kreis kommt das Wort »Komfortzone«.

Legen Sie nun eine Liste an mit allen Themen, die Ihnen ein leichtes bis größeres Unbehagen verursachen – aber irgendwie faszinierend-reizvoll erscheinen. Übertragen Sie dann jedes Thema als Stichwort auf ein kleines Post-it. Heften Sie die Post-its in den Kreisring *außerhalb* der Komfortzone. Das Plakat kommt gut sichtbar an einen zentralen Ort Ihrer Wohnung. So, jetzt kann es losgehen.

Die nächsten Monate werden Sie an der Erweiterung Ihrer Komfortzone arbeiten! Und wann immer Ihnen ein Thema keine Schwierigkeiten mehr macht, dann wandert der entsprechende Zettel von außen nach innen in die Komfortzone. Wenn dann irgendwann innen kein Platz mehr ist, müssen Sie den Kreis größer zeichnen …

[9] Mut-Skala einrichten

Wenn es um Selbstüberwindung geht, ist die Mut-Skala hilfreich: Eine Skala von 0 bis 10, wobei 0 bedeutet, dass ein Vorhaben für Sie überhaupt keinen Mut erfordert, und 10 den größtmöglichen vorstellbaren Mut abverlangt.

Jetzt legen Sie noch zwei wichtige Werte fest:
(a) Wie hoch war der Mut-Mittelwert der letzten 5 Jahre?
(b) Über welchen durchschnittlichen, zukünftigen Mut-Ziel-Wert möchten Sie zukünftig verfügen?

So, jetzt haben Sie schon einmal Ihr Mut-Entwicklungsprojekt eingerichtet. Um sich mit dieser Art von Skalierung vertraut zu machen, üben Sie einfach in den kommenden 3 Wochen:
Stehen Sie vor einer Alltagsherausforderung, schätzen Sie den erforderlichen Mut ein! Sie sitzen in der Abteilungsbesprechung und möchten einen Einwand zum eben Gesagten machen und trauen sich nicht – wie hoch ist der erforderliche Mut? Sie möchten den Nachbarn ersuchen, sein Autoradio leiser zu stellen – wie viel Mut?, usw …

[10] Alltag-als-Mut-Übung

Zeigen Sie zumindest *einmal täglich Mut* – ich bin mir sicher, da fällt Ihnen genug ein. Viele kleine Einheiten trainieren am wirkungsvollsten. Setzen Sie sich selbst ein *Ziel* (siehe →8 *Ziel-orientierung*), verbunden mit einer Belohnung für den Erfolgs-fall. Und seien Sie nicht allzu streng mit sich selbst, wenn nicht immer alles gleich klappt!

[11] Selbstüberwindung trainieren

Unbehagen ist ein zuverlässiger Indikator! Immer wenn Sie ein Unbehagen wahrnehmen, bezogen auf ein Verhalten, das Sie zeigen sollten, fühlen Sie sich bei einer Sache »unkomforta-bel«, soll heißen, Sie stehen an der Schwelle Ihrer Komfortzo-nengrenze und hätten *jetzt* die Chance, Entwicklungshilfe in eigener Sache zu betreiben! Eine einmalige Möglichkeit – nut-zen Sie sie (damit die Welt *danach* ein klein wenig komfortab-ler wird …)

[12] Die 21-Tage-*****Mut-Kur

Dazwischen können Sie auch einmal eine richtige Mut-Kur ein-legen. Sie dauert 3 Wochen und kann ganz schön spannend werden! Dazu brauchen Sie: Einen Rezeptvordruck (aus dem Anhang), eine 1-Euro-Münze und eine passende Belohnung, wenn Sie die Kur absolviert haben.

Die Anleitung finden Sie im Anhang!

ZUSAMMENFASSUNG

1. Die **Komfortzone** markiert den Bereich, wo man sich sicher und wohlfühlt – sie ist nicht der Bereich des maximal Möglichen.
2. **Komfortzonenerweiterung** bringt Angstfreiheit, Flexibilität und **mehr Lebensqualität.**
3. **Mut-Bremsen** sind Gewohnheit, Bequemlichkeit, Schlendrian, Unsicherheit oder Angst. Die Lösung heißt **Selbstüberwindung.**
4. Komfortzonenerweiterung braucht Mut und Initiative für den ersten Schritt.
5. Mut lässt sich proben, mit **Mutproben** – am besten im Alltag und das täglich.
6. Mit der **Mut-Skala (0 bis 10)** lassen sich herausfordernde Situationen einschätzen und besser bewältigen.
7. Unbehagen und Vermeidung signalisieren, dass wir vor der Komfortzonengrenze stehen – da geht es lang!

Noch etwas?

Ja. Etwa 10 bis 15 % aller, die dieses Buch lesen, *machen* auch die Übungen und Aufgaben. Dem Rest genügt es, sie einfach *gelesen* zu haben …

Nur **MUT**, nicht jede von uns
beißt zurück …

3 LOSLASSEN
Zauberformel, um entspannter zu leben

Am besten reist man mit leichtem Gepäck.

EINE ALTE PILOTENWEISHEIT

Unfassbar schwierig, wenn es notwendig ist und nicht gelingen will, dann wieder unspektakulär, wenn es unbemerkt und mühelos passiert: das Loslassen.

Loslassen ist der Kern vieler Weisheitstraditionen, unentbehrliches Element in schwierigen Lebenssituationen ebenso wie im Alltag: *Loslassen als Prinzip* ist unverzichtbar und einfach, wenn man weiß, wie es gemacht wird.

IN DIESEM KAPITEL ERFAHREN SIE …

- den Unterschied zwischen Loslassen und Fallenlassen;
- wie Loslassen zu mehr Gelassenheit, Lebensqualität und innerem Frieden führt;
- wie Sie mit 4 einfachen Fragen belastende Gefühle loswerden;
- warum Sie konsequente Zielorientierung mit gleichzeitigem Loslassen von erwarteten Ergebnissen verbinden sollten;
- wie Sie Loslassen im Alltag üben, üben und wieder üben …

Leben oder Kleben?

Ist Ihnen eigentlich klar, über welch *geniale* Technik Sie verfügen, wenn Sie *Loslassen* können? Wie viel entspannter Ihr Leben verlaufen *könnte*, wenn Sie überzogene Erwartungen und überholte Prinzipien genauso wie lang gewohnte, aber unpraktische Abläufe *loslassen* können?

Wie viel mehr an *Leichtigkeit* in Ihr Leben kommt, wenn Sie sich von obsolet gewordenen Dingen *lösen* können?

Wie viel *stressärmer* Ihr Leben wird, wenn Sie Menschen, die Ihnen etwas bedeuten, lieb gewonnene Orte und schwindende Hoffnungen *ziehen lassen können* – wenn es die Zeit erfordert?

Um wie viel Ihre Lebensqualität steigt, wenn Sie an belastenden Emotionen (wie Eifersucht, Groll, Neid …) nicht unnötig festhalten? Ist Ihnen wirklich klar, was es Ihnen ermöglicht … *loslassen zu können*?

Die Fahrt, Variante 1
Heute Morgen fahre ich in die Stadt zum wöchentlichen Hallen-Klettertraining. Da die letzten beiden Male entfallen mussten, freue ich mich diesmal schon besonders. Im Auto male ich mir aus, an welchen Routen ich diesmal arbeiten möchte … da erreicht mich – bereits auf halbem Weg – ein Telefonanruf. Sonja, meine Kletterpartnerin, muss überraschend absagen: Henrik, ihr kleiner Sohn, hat Fieber und liegt im Bett …
Bei der nächsten Möglichkeit fahre ich rechts in eine Parklücke, schalte den Motor ab.
Alles umsonst! Eine Stunde Fahrzeit durch den morgendlichen Frühverkehr, Stop and go durch etliche Baustellen und sommerliche Temperaturen in einem Wagen ohne Klimaanlage.
Meine Stimmung ist im Keller. Warum gerade heute? Warum kann nicht einmal etwas so laufen, wie ich es will? Was mache ich jetzt mit meinem Vormittag? Mit der ganzen Vorfreude auf das lang ersehnte Training … Enttäuscht und verärgert wende ich und fahre wieder heim.

Was Loslassen ist – und was nicht

Da gibt es diese kleine Übung, die den Unterschied verdeutlicht zwischen zwei Arten des Loslassens:

Nehmen Sie einen Stift in die Hand und halten ihn fest. Jetzt öffnen Sie die Hand und lassen ihn los. Fällt er auf den Boden, verwechseln Sie *Loslassen* mit *Fallenlassen*! Nehmen Sie ihn jetzt noch einmal und legen ihn auf die geöffnete Handfläche, die jetzt nach oben schaut. Wenn Sie jetzt die Finger zur Faust schließen, können Sie die Hand öffnen, sooft Sie möchten, der Stift bleibt auf Ihrer Handfläche. Sie lässt ihn los – aber nicht fallen. Das ist der Unterschied. Das ist Loslassen.

> Loslassen ist nicht fallenlassen oder aufgeben. Loslassen ist freigeben. Loslassen heißt vertrauen – in das Leben.

Festhalten hingegen heißt, dass wir feststecken und in einer Situation verharren, die uns schadet und unsere Lebensqualität beeinträchtigt. Symptome des Nicht-Loslassen-Könnens sind Anspannung, Stress, psychosomatische Beschwerden, Schlafstörungen, Gedankenkreisen bis hin zu Panikattacken und Depressionen …

Das alles müsste nicht sein, wenn wir Loslassen als unverzichtbaren Begleiter unserer persönlichen Entwicklung begreifen und für uns nutzbar machen. Ausgangspunkt ist der Moment, wo wir beginnen, zu realisieren und zu akzeptieren,

- dass nicht immer alles gelingt;
- dass die Welt nicht immer gerecht ist;
- dass die Dinge nicht immer so laufen, wie wir es uns wünschen;
- dass andere Menschen sich nicht immer so verhalten, wie wir es gerne hätten;
- dass die Vergangenheit nicht mehr veränderbar ist (sie ist schon gelaufen);

- dass Zweifel und Hadern aus einer gegenwärtigen Situation nicht herausführen;
- dass permanentes Grübeln für eine zukünftige Situation nichts bringt und
- dass Loslassen nicht Kapitulieren bedeutet.

Haben wir das erst einmal erkannt, dann wird Loslassen zu einer Form der (intelligenten) Anpassung an eine Situation, die nicht änderbar ist – egal, ob es sich um einen begangenen Fehler, das Verwerfen von Lebensentwürfen oder das Verabschieden von wichtigen Menschen geht.

Und oft sind es markante Einschnitte, Krisen oder Engpasssituationen, die zwar einerseits als belastend erlebt werden, aber andererseits oft die einzige Gelegenheit bieten, dass wir ins Handeln kommen: Wir Menschen packen dann am ehesten Veränderungen an, wenn es weh tut!

Loslassen ist eine intelligente Form der Anpassung an eine Situation, die nicht änderbar ist.

Der zweite, anschließende Schritt setzt eine Entscheidung voraus: Bin ich *jetzt* bereit für die aktive und bewusste Entscheidung, hinderlichen, einschränkenden Ballast loszulassen und etwas Neues an diese Stelle zu setzen?

Loslassen *als Prinzip* versteht sich als *das lebenslange Üben* im sinnvollen Loslassen von Erwartungen, Vorstellungen, Konzepten, Kontrolle, lieb gewonnenen Gewohnheiten und belastenden Emotionen und Gedanken.

Erwartungen und Ziele

»Und ich habe mich so gefreut!«,
sagst du vorwurfsvoll,
wenn dir eine Hoffnung zerstört wurde.
Du hast dich gefreut – ist das nichts?
MARIE VON EBNER-ESCHENBACH

Wenn Sie an einer Erwartung stark festhalten (beispielsweise, dass ein wichtiges Gespräch in einer ganz *bestimmten* Weise verlaufen wird), dann blockieren Sie Energie, die dann nicht mehr fließen kann. Denn ein Istzustand kann sich so lange nicht ändern, wie an ihm festgehalten wird. Akzeptieren Sie hingegen den Istzustand nur als das, was gerade ist, dann kreieren Sie keinen Konflikt mehr *mit dem Leben* und können die frei werdende Energie darauf verwenden, die Situation zu gestalten und zu beeinflussen.

Loslassen von Erwartungen heißt
Freigeben von (gebundener) Energie.

Der springende Punkt dabei ist, sich sehr wohl Ziele zu stecken und alles zu unternehmen, um das gewünschte Ergebnis zu erreichen! *Gleichzeitig* (und das ist jetzt wirklich paradox) lässt man aber die *Erwartung* an den gewünschten Ausgang des Vorhabens los! Um beim obigen Beispiel zu bleiben: Ich setze mir ein klares Gesprächsziel, was ich in dem Gespräch erreichen möchte, und *gleichzeitig* löse ich mich von der Erwartung, dass es genauso eintreten wird, wie ich es mir wünsche!

Ein weiteres Beispiel: Ich trainiere in meiner Sportart für einen besonderen Wettkampf. Ich stecke mir ein ehrgeiziges Ziel, richte meine Aufmerksamkeit, meinen Trainingsplan, meine gesamte Energie auf dieses Vorhaben aus. Dann, am Tag des Wettkampfes, gebe ich alles – mit der Absicht, mein vorgenommenes Ziel zu erreichen. Und gleichzeitig löse ich mich von jeglicher Erwartung an einen bestimmten Ausgang.

LOSLASSEN

Muster, Konzepte und Gewohnheiten

Der Weise trennt sich von den Dingen,
bevor sich die Dinge von ihm trennen.

BALTASAR GRACIÁN

Je älter wir werden, umso mehr Konzepte, Vorstellungen, und Gewohnheiten häufen sich in unserem Leben an. Genauso, wie unsere Ansprüche steigen, nimmt auch der Vorrat an (un)entbehrlichen(?) Dingen zu, festigen sich Vorgehensweisen, bevorzugte Orte, Bewegungsmuster, ja selbst die Art, wie wir mit uns selbst umgehen. Alles bekommt seine Schublade, seinen Platz, sein Etikett, seine Routine.

> Je älter wir werden, desto größer wird die Zahl an Routinen, Mustern und Vorstellungen, die wir als »Vorbedingung« für das Leben brauchen –
> bringt uns das weiter?

Vieles davon ist gut, unterstützt, hilft, fördert. Manches schränkt aber ein, wird zum Ballast, kerkert ein. Und während wir mit hängendem Kopf zwischen den Gitterstäben unserer lieb gewonnenen Gewohnheiten im Staub des Es-war-schon-immer-so unsere rastlosen Kreise ziehen, schielt unser Blick traurig zur Sonne der Freiheit …

Sie kennen das: Bestimmte Dinge müssen *genau so* und nicht anders sein – der vorbereitete Abend, das Familientreffen, die geplante Reise, alles muss *genau so* ablaufen und nicht anders. Es gibt idealtypische Verläufe, Vorstellungen, Erwartungen, wie das Leben zu sein hat, damit es *richtig* ist. Ohne Vorbedingungen, Konzepte und Regeln geht nichts mehr. Kommt es wenig anders, läuft »es« falsch …

Genau hier setzt das Konzept des Loslassens an: Je mehr es gelingt, Vorstellungen und Konzepte, wie Dinge abzulaufen haben, loszulassen, umso eher kann Weiterentwicklung passieren. Zum Hinterfragen eignen sich gut die

- *Für wen gilt das* (dieses Konzept, diese Vorstellung, diese Regel)?
- *Kann es auch anders »richtig« sein?*
- *Muss es genau so gemacht werden?*

Genau hier setzt das Konzept des Loslassens an: Je mehr es gelingt, Vorstellungen und Konzepte, wie die Dinge zu laufen haben, loszulassen, umso eher kann eine Weiterentwicklung in Gang kommen.

Kontrolle loslassen

Betrifft der Wunsch, zu kontrollieren, *andere,* dann kann es mitunter wirklich heftig werden! Damit lassen sich spielend Verstrickungen inszenieren, die immer wieder aufs Neue aufgeworfen werden können.

Es fängt meist harmlos an: Sie haben den Wunsch, dass andere sich in einer bestimmten Weise verhalten, so, wie Sie es gerne hätten. Sie legen die Latte, die anderen müssen springen – so, wie *Sie* es wollen. Beim nächsten Mal bitte wieder, beim dritten Mal wird das schon vorausgesetzt. Die Möglichkeiten, durch unbeirrbares Festhalten das Leben zur Qual zu machen sind grenzenlos … lassen Sie los!

Der Wunsch, Kontrolle über andere zu haben, kann zum unerschöpflichen Reservoir von Gefühlsdramen werden – lassen Sie los!

Einsparpotenzial Ärger

Ärger ist eine Alarmanlage, ja, genau! Ärger signalisiert uns, dass etwas nicht in Ordnung ist. Jemand oder etwas verletzt uns, überschreitet unsere Grenzen oder handelt gegen unsere Interessen.

Wenn die Alarmanlage Ihres Wagens oder Ihrer Wohnung bzw. Ihres Hauses losgeht, was ist das Erste, was Sie tun?! Schauen Sie nach, was los ist? Nein. Sie schalten zuerst den höllischen Lärm ab! Dann schauen Sie, was zu tun ist.

Genauso sollte es mit dem Ärger sein. Stellen Sie Ihren Ärger ab und dann machen Sie, was zu tun ist. In dieser Reihenfolge. Die Lösung ist auch hier: Loslassen.

Wir ärgern uns (meist) viel zu lang.

So verlieren wir unnötig Energie, wenn wir
- wütend oder enttäuscht sind, weil etwas nicht nach (unserem) Plan verläuft;
- uns über etwas zu heftig ärgern;
- zweifeln oder gegen etwas ankämpfen;
- Situationen oder Menschen verurteilen (ohne sie damit zu ändern).

Besser ist es, sich kurz und entschlossen zu ärgern, dann den Ärger abklingen zu lassen und in den Modus des (abgekühlten) Handelns zu wechseln. Als wenn wir das nicht schon früher gewusst hätten …

Ernste Probleme und unangenehme Gefühle

Knowing how to release is not a luxury.
It is a basic survival skill for the Millennium.
                    HALE DWOSKIN

Groll, Bitterkeit, Verunsicherung, Eifersucht, Neid, Traurigkeit … die Liste lässt sich lang fortsetzen. Gefühle sind Besucher, sagt man, sie kommen und gehen. Verdrängen oder Ignorieren bringt genauso wenig wie unkontrolliertes Ausagieren. Lassen sich manche Probleme nicht direkt lösen, sollte man sich vom Problem lösen – durch Loslassen.

Denn: Sollte es stimmen, dass sowieso schon alle Entscheidungen feststehen und unser Lebensweg vorgegeben ist, gibt es nichts zu befürchten – wir können Ängste, Hadern, Zweifel, das Ankämpfen, Sehnsüchte und Liebeskummer einfach loslassen. Das macht das Leben sehr viel lockerer, lässt uns ruhiger schlafen und macht uns in nicht so tollen Zeiten stärker und gefasster.

Dazu verhilft die von dem Amerikaner Hale Dwoskin stammende *Sedona*-Methode:[4] Ein verblüffend einfach zu erlernendes und gleichzeitig sehr effektives Verfahren, das uns hilft, schmerzliche, unerwünschte und kontraproduktive Gefühle in den Griff zu bekommen. Kernstück der Methode sind vier einfache Fragen, die man sich hintereinander selbst stellt und deren Antworten man nachspürt. Hier die vier Fragen:

---

1. Kann ich das Gefühl in diesem Moment *akzeptieren*?
2. Könnte ich das Gefühl jetzt loslassen, nur für *diesen* Moment?
3. *Würde* ich dieses Gefühl loslassen?
4. *Wann*?

Ich wende dieses Prinzip immer wieder bei mir selbst und bei meinen Klienten an – es funktioniert!

Am besten, Sie probieren es bei der nächstmöglichen Gelegenheit einfach aus. Sie hegen beispielsweise einen Groll gegen jemanden, grübeln über eine unangenehme Sache endlos nach oder machen sich unentwegt Sorgen. Schließen Sie für einen Moment die Augen und spüren Sie genau hin zur Emotion, die Sie belastet:

---

1. Kann ich das Gefühl in diesem Moment *akzeptieren*? (… willkommen heißen, einfach *sein* lassen, ihm Raum geben)

Das klingt vielleicht im ersten Moment naiv und simpel, hat aber eine erstaunliche Kraft: Das wirklich Spannende an dieser

Frage ist, dass es völlig gleich ist, was Sie antworten. Wichtig ist nur, dass Sie spontan reagieren und nicht lange nach der »richtigen« Antwort suchen (und manchmal geht es gar nicht anders und man muss ein Gefühl oder einen Schmerz einfach ertragen – ohne Wenn und Aber).

Manchmal können Sie es sich aber auch gestatten, sich zu weigern, Ihr Gefühl zu akzeptieren. Gefühle zu bekämpfen, sie zu unterdrücken und über sie siegen zu wollen funktioniert im Übrigen nicht, im Gegenteil, das macht sie meist nur stärker. Loslassen ereignet sich dann, wenn nicht mehr festgehalten wird.

---

2. Könnte ich das Gefühl jetzt
   loslassen, nur für *diesen* Moment?

Auch diese Fragestellung hat es in sich. Sie werden nämlich nicht zwangsweise aufgefordert, Ihr Gefühl loszulassen. Vielmehr erinnert Sie die Frage an Ihre Wahlfreiheit (die wir aber in solchen Augenblicken meist nicht wahrnehmen). Und auch hier gilt: Es spielt absolut keine Rolle, wie die Antwort ausfällt, nur spontan sollte sie kommen.

---

3. Würde ich dieses Gefühl loslassen?

Auch hier gilt: Wieder schnell und ehrlich antworten! Was taucht als erste Antwort auf? Mit dieser Frage finden Sie heraus, was Sie *wollen,* nicht was Sie könnten. Schließlich die vierte Frage:

---

4. Wann?

Wieder spontan und ehrlich beantwortet, bringt uns diese Frage sofort ins Hier und Jetzt, lässt ein Gefühl aufkommen, dass Loslassen und Veränderung *möglich* sind. Vielleicht morgen, übermorgen oder irgendwann in der Zukunft – egal, Hauptsache, es geschieht!

Haben Sie den Prozess der vier Fragen erst einmal durchlaufen, stellt sich in den meisten Fällen schon eine kleine Veränderung ein – der erste Schritt in die gewünschte Richtung. Loslassen folgt seinem eigenen Rhythmus: Manchmal schneller, manchmal braucht es mehr Zeit – geben Sie sich ausreichend Zeit, diese Fähigkeit einzuüben.

Interessanterweise lässt sich die Sedona-Methode nicht nur bei negativen Emotionen anwenden, sondern auch gut bei belastenden Gedanken, Fantasien oder limitierenden Glaubenssätzen. Das funktioniert wahrscheinlich deshalb, weil wir ein Stück Distanz zum loszulassenden Gefühl oder Problem aufbauen. Durch den vergrößerten Abstand können wir klarer wahrnehmen, was ist. Wir kommen mehr zurück in unsere Mitte, in den Zustand des inneren Beobachters, der alles wahrnimmt, aber nicht von Dingen gefangen ist, die in unserem Bewusstsein auftauchen.

Chili-Impulse und Übungen

Das Thema Loslassen wird Ihnen mit Sicherheit immer wieder im Leben begegnen – daher ist es nur von Vorteil, sich frühzeitig aktiv damit auseinanderzusetzen:

[13] Impuls-Satz Loslassen
Ich bin bereit, loszulassen. Jedes Loslassen beginnt mit diesem entscheidenden Satz! Wenn Loslassen Ihr Thema ist, verwenden Sie ihn mindestens einmal täglich.

[14] Loslass-Liste
Finden Sie heraus, in welchen Bereichen Sie Sklave Ihrer eigenen Vorstellungen, Einstellungen, Erwartungen und Vorgaben sind. Stellen Sie eine Liste mit allen Lebensbereichen auf und notieren Sie, was Sie loslassen und verabschieden wollen. Dann arbeiten Sie die Liste konsequent ab, bis sie wirklich leer

ist. Wenn Sie eine solche Liste aufstellen, dann fragen Sie sich insbesondere: In welchen Bereichen

- fühle ich mich (gern) als Opfer der Umstände?
- kontrolliere ich mich oder andere besonders vehement?
- bewerte, kritisiere ich ständig andere oder mich selbst?
- erlebe ich oft Enttäuschungen?
- Wo und wann empfinde ich oft Groll, Wut? Wann und wo kann ich nicht verzeihen?

[15] Leere Hände
Unterstreichen Sie das Prinzip des Loslassens auch symbolisch, indem Sie möglichst oft mit leeren Händen herumlaufen: Sie sind offen, jederzeit etwas Neues entgegennehmen zu können oder etwas Neues anzufangen!

[16] Gewohnheiten, Traditionen, Routinen
Halten Sie bei allen Tätigkeiten und Abläufen, die Sie schon *immer so* gemacht haben, kurz inne und fragen Sie sich: »Bereichert das noch mein Leben?«. Wenn die Antwort Nein ist, dann ist es höchste Zeit, Veränderungen vorzunehmen und einen gewohnten Ablauf auszulassen. Begleiten Sie das mit dem inneren Satz: »*Ich tue das in der Absicht, mein Loslassen zu üben.*«

[17] Außen wie innen
Entrümpeln Sie Ihre Wohnung, die Festplatte Ihres PC, den Kofferraum Ihres Wagens, Ihren Keller. Besonders dann, wenn Sie sich intensiv mit dem inneren Loslassen beschäftigen.

[18] Loslass-Rituale
Schreiben Sie Belastendes auf, verbrennen Sie das Papier, werfen Sie es in einen Fluss, lassen Sie es vom Berggipfel als Papierflieger lossegeln ... Machen Sie das in der Absicht, sich endgültig von der Belastung zu lösen (die Erinnerung darf bleiben).

> **[19] Die Sedona-Methode**
> Lassen Sie diese einfache Methode zu einer nützlichen Gewohnheit im Alltag werden! Beginnen Sie damit einige Male an einfachen Dingen zu üben, um sie dann bei ernsteren Problemen rechtzeitig verfügbar zu haben – d. h., bevor negative Gefühle Einfluss auf Ihren inneren Frieden und Ihre Stabilität nehmen.

Praxistipp Loslassen

Loslassen ist einfach, wenn man nicht mehr festhält. Zuerst kommt Loslassen, dann die Gelassenheit – eine Kompetenz, die sich Stück für Stück einüben lässt: Sie beginnen als *Lehrling,* arbeiten sich hinauf zum *Meister,* von da weiter zum *Künstler.*

Anfangs kann es sein, dass Sie sich vielleicht weniger gut fühlen als vorher. Schließlich geben Sie etwas auf, verlieren etwas Liebgewonnenes, Gewohntes – Sie spüren die Lücke, Ersatz ist noch nicht in Sicht. Halten Sie aber durch, werden Sie langfristig reich beschenkt: Freiheit, Energie, Leichtigkeit, Lebensfreude.

Die Fahrt, Variante 2
Heute Morgen fahre ich in die Stadt zum wöchentlichen Hallen-Klettertraining. Da die letzten beiden Male entfallen mussten, freue ich mich diesmal schon besonders. Im Auto male ich mir aus, an welchen Routen ich diesmal arbeiten möchte … da erreicht mich – bereits auf halbem Weg – ein Telefonanruf. Sonja, meine Kletterpartnerin, muss überraschend absagen: Henrik, ihr kleiner Sohn, hat Fieber und liegt im Bett …
Bei der nächsten Möglichkeit wende ich. Umsonst! Eine Stunde Fahrzeit durch den Frühverkehr, Stop and go durch Baustellen und sommerliche Temperaturen in einem Wagen ohne Klimaanlage.
Meine Stimmung? Ich spüre Enttäuschung aufsteigen, für einen Moment will ich mich darin verlieren … *Ich atme tief aus und lasse los. Ich hatte klare Ziele für den heutigen Vormittag. Aber keine Erwartungen. Was ist, ist. Das Leben lehrt, ich lerne.*

ZUSAMMENFASSUNG

1. Loslassen ist eine **intelligente Form der Anpassung** an Situationen, die nicht änderbar sind.
2. Loslassen heißt **Freigeben** (von gebundener Energie).
3. Loslassen ist **einfach**, wenn man nicht mehr festhält.
4. Loslassen tut gut **bei überholten Gewohnheiten, überhöhten Kontrollwünschen, ausuferndem Ärger, belastenden Emotionen und Gedanken.**
5. Emotionen zu **akzeptieren** ist Teil des Loslassens. Unterdrückung, Verleugnung und Bekämpfen von Gefühlen halten sie länger fest.
6. Die 4 Fragen der **Sedona-Methode:**
   1. Kann ich das Gefühl in diesem Moment akzeptieren?
   2. Könnte ich das Gefühl jetzt loslassen?
   3. Würde ich dieses Gefühl loslassen?
   4. Wann?
7. Akute Loslass-Situationen überprüft man mit dem Satz: **Ich bin bereit, (jetzt) loszulassen.**
8. Loslassen folgt seinem eigenen Rhythmus: Manchmal schneller, manchmal braucht es mehr Zeit – geben Sie sich ausreichend Zeit, diese Fähigkeit einzuüben.
9. **Leere Hände** – ein ausdrucksstarkes Symbol für Loslassen.

So weit die Theorie …
Und die Praxis? Lebenslanges Üben …

Kannst du dir ein **LEBEN** ohne mich vorstellen? Nein? Na also! Lass alles los, nur nicht … deine Chili!

4 LÖSUNGSORIENTIERUNG
Mit Problemen anders umgehen

Es gibt eine Lösung.
Es gibt mehr als eine Lösung.

Lösungsorientierung ist die *Zauberkraft* moderner Menschen des 21. Jahrhunderts. Sie geht davon aus, dass es bei Schwierigkeiten besser ist, auf deren Lösung hinzuarbeiten, statt herauszufinden, wie die Probleme entstanden sind.

Lösungsorientierung gehört (neben *Selbstverantwortung* und *Kairos*) zu den zentralen Eckpfeilern einer Persönlichkeit: Einmal für sich entdeckt, wird sie zu einer wertvollen Ressource, wenn es gilt, Schwierigkeiten zu bewältigen.

IN DIESEM KAPITEL ERFAHREN SIE ...

- den fundamentalen Unterschied zwischen Problemfixierung und Lösungsorientierung;
- woran Sie lösungsorientierte Menschen in Ihrem Umfeld erkennen;
- wie Sie Lösungsorientierung bei sich und anderen anstoßen;
- wie Sie selbst lösungsorientiert bleiben, wenn Ihr Umfeld sich im Problemsumpf verstrickt;
- wie Sie Lösungsorientierung im Alltag anwenden.

Jetzt erwartet Sie ein echter *Diamant* – ein feines, wichtiges Kapitel. Also, wenn Sie bereit sind, lassen Sie uns loslegen: Es geht um etwas ganz Besonderes. Mein Lieblingsthema.

Stellen Sie sich vor ...

Sie sind schon als Baby als ein kleiner *Chancendenker* auf die Welt gekommen: Vom ersten Tag an gehört es zu Ihrem innersten Wesen, auf Probleme aktiv zuzugehen und sie zu *lösen,* ohne sich unnütz in sie zu verstricken. Ihre ganze genetische Ausstattung ist darauf programmiert, dass Sie immer dann, wenn Schwierigkeiten auftauchen, Ihre ganze Lösungsorientierung in die Schlacht werfen: um herauszufinden, wo inmitten von Widrigkeiten, Schwierigkeiten und Widerständen Möglichkeiten und Chancen schlummern. Entschlossen greifen Sie trotz so mancher Aussichtslosigkeit unbeirrt auf all Ihre Ressourcen zu, getragen von der Gewissheit, dass Sie wieder gestärkt und mit mehr Erfahrung daraus hervorgehen werden. Mit jeder Auseinandersetzung, jedem Konflikt, jeder erlittenen Unbill wird – wie könnte es anders sein – Ihre Problemlösekapazität weiter gestärkt. Und kaum ist alles vorbei, können Sie sich wieder mühelos auf die Sonnenseite des Lebens einlassen ...

Dabei haben Sie von außen betrachtet genauso viele Schwierigkeiten, Pech und Unangenehmes zu meistern wie andere in Ihrer Umgebung – der einzige Unterschied zwischen Ihnen und den anderen ist lediglich in der Tatsache begründet, dass Sie *anders mit den Schwierigkeiten umgehen:*

Sie sind (und waren immer schon) ein echtes Ausnahme-*Naturtalent der Lösungsorientierung.* Und wenn nicht, es ist nie zu spät, der zu sein, der man immer schon sein könnte ...

Dont fight the problem

Lösungsorientierung wurde erstmals 1982 von den Psychotherapeuten Steve de Shazer und Insoo Kim Berg als Grundprinzip einer besonders effektiven Gesprächsführung vorgestellt und eroberte rasch seinen Platz in den Werkzeugkoffern professioneller Kommunikatoren.

Zentrale Voraussetzung jeder Coaching-Begleitung, jeder Beratung oder Therapie ist die Erwartung, dass sich etwas *verändern* und *verbessern* kann.

Lösungsfokussierte Beratung geht noch einen Schritt weiter und geht davon aus, dass Veränderungsprozesse *unvermeidbar* sind und sich unaufhaltsam ereignen. Die drei wichtigsten Grundsätze lauten:

1. Wenn etwas funktioniert, repariere es nicht!
2. Finde heraus, was gut funktioniert – und tu mehr davon.
3. Wenn etwas (trotz vieler Anstrengungen) nicht gut genug funktioniert oder passt – dann versuche etwas *anderes*.

Dieser Ansatz unterscheidet sich von anderen Problemlösungsstrategien durch die Überzeugung, dass bereits eine *kleine* Veränderung im Verhalten *eines* Menschern erhebliche und weitreichende Veränderungen aller anderen Beteiligten nach sich ziehen *kann*. Ist dieser erste kleine Schritt (Baby-Step) erst einmal erfolgreich gesetzt, wird über einen Ausbau der Strategie nachgedacht – statt sich darüber den Kopf zu zerbrechen, wie sich falsches oder inadäquates Verhalten korrigieren oder verändern lässt. Das heißt:

Die Lösung steht im Mittelpunkt.

Haben Sie dieses Prinzip einmal für sich erkannt, steht es Ihnen ab sofort als wichtiger Beschleuniger Ihrer persönlichen Entwicklung zur Verfügung. Unterstützt wird das Ganze durch konsequente Ziel- und Ressourcenorientierung – und das heißt wiederum:

Ressourcenorientierung schaut auf die Stärken und Kompetenzen eines Menschen.

Unterschied Problem-/Lösungsorientierung

Natürlich hat Lösungsfokussierung wie alles auf dieser Welt auch ein Pendant bzw. einen Gegenspieler: die Problemfokussierung oder -fixierung.[5] Ihr begegnet man im Alltag oft gut versteckt und eingebettet in vielen ganz »normalen« Gesprächen. Sie erkennen Problemorientierung daran, dass

- Menschen Ihnen alles Mögliche vorjammern, Ihnen alle *Details eines Problems* schildern, bis Sie schließlich auch mitjammern;
- sich das Gespräch ständig um *Vergangenes* dreht und dort nach immer mehr Problemdetails gegraben wird, wie bei einer archäologischen Großbaustelle;
- unbedingt nach *Schuldigen* für eine Misere gesucht werden muss, statt zu schauen, wie es jetzt weitergeht;
- von einem Problem *nahtlos zum nächsten* übergegangen wird, ohne dass beim ersten Thema irgendetwas weitergegangen ist …

All das macht Menschen unzufriedener, inkompetenter, hilfloser und zieht sie gefühlsmäßig hinunter. Aber zu jammern, zu schimpfen und zu hadern ist leichter, als aktiv etwas zu verändern! Und da Gefühle ansteckenden Charakter haben, kann es schon passieren, dass sich auch unsere Laune nach einigen Gesprächen mit Problemdenkern ganz schnell verdüstert – also aufgepasst! Nun gut, schauen wir uns nach Alternativen um. Unser Leitsatz für den Alltag ist:

Zerschneide nicht, was sich aufknoten lässt.
Bekämpfe nicht das Problem, sondern löse es.

Viel besser, wohltuender und erfreulicher ist es also, wenn Sie in Ihren Gesprächen darauf achten, dass Sie

- nach Lösungen suchen, wie etwas *besser* funktionieren könnte (und die Suche danach bei anderen anregen);
- nach *Ausnahmen* von Problemen (z. B. »Wann ist es dir denn

besser gegangen?«) Ausschau halten und im passenden Moment danach fragen;

- im richtigen Moment nachfragen: »Und was machst *du* jetzt?« bzw. »Was machen *wir* jetzt?« oder »*Wie* geht es weiter?« …

- eine zuversichtliche, *optimistische Grundhaltung* ausstrahlen;
- rechtzeitig bereit sind, eine eingeschlagene Richtung wieder *zu ändern,* wenn es nichts mehr bringt, und
- stets für *versteckte Chancen und Möglichkeiten* offen sind!

Das klingt doch gleich ganz anders, oder? Aber aufgepasst … Es geht nicht darum, andere Menschen in unserer Umgebung zu therapieren, zu missionieren oder zu verändern! Jeder Mensch hat seinen ganz persönlichen Zugang zur Lösung seiner Probleme – jeder ist Spezialist für sein eigenes Leben.

So gesehen ist es besser, *bei sich selbst* anzufangen, *in Lösungen, Chancen und Möglichkeiten zu denken und zu handeln* – das ist es, worum es geht! Sollte sich das dann irgendwie positiv auch auf unser Umfeld auswirken, dann haben wir auch nichts dagegen.

Eisbärenschritte

Da war einmal ein Eisbär, den haben sie im Zirkus mitgefahren. Die haben ihn aber nicht für die Vorstellung, sondern nur zur Ausstellung. Er war also immer nur im Wohnwagen drin. Der war aber so eng, dass er sich nur zwei Schritte vorwärts und zwei Schritte rückwärts bewegen konnte. Dann haben sie Mitleid mit ihm gehabt und sich gesagt: »Den verkaufen wir jetzt an einen Zoo.« Dort hatte er nun ein größeres Areal. Doch auch da ging er immer nur zwei Schritte vor und zwei Schritte zurück. Da fragte ihn ein anderer Eisbär: »Ja, warum machst du das?« Da sagte er: »Das kommt daher, weil ich so lange in einem Wohnwagen war!«[6] Alle Tiere versuchten, dem Eisbären zu helfen, weiterzukommen.

Das Känguru hüpfte zweimal vor, wartete auf den Eisbären, hüpfte weiter, aber der Eisbär ging nach zwei Schritten vor wieder retour. Der Elefant wollte von hinten anschieben, die Geier knapp vor ihm herfliegen. Nichts ging. Aber: Wer zwei Schritte gehen kann, kann gehen! Man muss es nur neu entdecken …

Schließlich hatte das Kaninchen eine Idee: »Eisbär, sag, kannst du dich nach den ersten zwei Schritten vorwärts gleich anschließend *umdrehen*?« Der Eisbär guckte erstaunt, aber probierte es: Zwei Schritte vor, dann wendete er und hängte noch wie gewohnt zwei Rückwärtsschritte an … die aber jetzt in dieselbe Richtung gingen! »Umdrehen, schnell!«, rief das Kaninchen aufgeregt, der Bär tat wieder zwei Schritt vor, das Kaninchen rief: »Umdrehen!!«, zwei Schritte retour … Der Eisbär strahlte: Es sah zwar komisch aus, aber er kam mehr als zehn Meter in die gleiche Richtung! »Jetzt musst du dir nur selber das Kommando geben zum rechtzeitigen Wenden«, kicherte das Kaninchen.[7]

Das Goethe-Prinzip

Von Meister Goethe stammt das folgende Zitat:

»Behandle die Menschen so (…), wie sie sein könnten.«[8] Daran hängen wir noch den Zusatz: »Das macht sie wertvoller«, und schon haben wir einen wunderbaren Leitsatz als Ergänzung zu unserer Grundhaltung Lösungsorientierung. Weil das so wichtig ist, gleich noch einmal:

Behandle die Menschen so, wie sie sein
könnten – das macht sie wertvoller.

Wahrscheinlich ist Ihnen auch schon aufgefallen: Es gibt Menschen, die über das Talent verfügen, scheinbar mühelos binnen kurzer Zeit, gleich, wo sie hinkommen, um sich herum eine angenehme, positive Atmosphäre zu *erzeugen!* (Dabei kennen die wenigsten dieser Naturtalente das Goethe-Prinzip – aber trotzdem handeln sie anscheinend danach …) Wie *machen* die das? Können wir das auch? Was wäre dann für uns möglich?

Das Grundprinzip ist denkbar einfach: Jeder Mensch trägt sowohl positive als auch negative Anteile in sich. Wenn es uns gelingt, dass dieser Mensch *in unserer Gegenwart*[9] die positiven Aspekte zeigt – dann geht es auch uns gleich besser, oder?

Was wir tun müssen, ist, diesen Menschen in einen besseren Zustand zu bringen! Die Grundregel dazu lautet:

Nimm mit den *positiven* Anteilen
eines Menschen Kontakt auf.

Das heißt nicht, dass wir naiv-blauäugig alle Menschen durch die rosarot gefärbte Brille sehen. Natürlich sind die negativen (problematischen) Anteile da – nur *ich stärke sie nicht!*

Die Lehrerin gibt die beurteilten Mathe-Tests an ihre Schüler aus.[10] Tim schneidet schon seit einigen Monaten schlechter ab, als bisher gewohnt, und das sagt sie ihm auch. Seine prompte Antwort: »Wissen Sie, ich hab einfach keine rechte Lust auf Mathe! Darum mach ich auch die Hausaufgaben nicht gerne und dann verstehe ich das immer weniger ...«

Die Lehrerin sieht Tim vor sich: antriebslos, phlegmatisch, lax. Meister Goethe erscheint plötzlich an ihrer Seite und klopft ihr auf die Schulter. Die Lehrerin lächelt wissend und holt sich ein Bild von Tim vor das innere Auge, wie er voll konzentriertem Enthusiasmus an der Tafel ein schwieriges Beispiel rechnet. Dann sagt sie:

»Du meinst, es liegt daran, dass du *in der Vergangenheit* einfach keinen Spaß an Mathe gefunden hast, daher die Aufgaben nicht gemacht hast ... so, so. Ich hab da eine spezielle Differenzialgleichung für dich – da würde mich interessieren, wie du an das Problem herangehen würdest ...«

Meister Goethe zwinkert der Lehrerin zu und löst sich wieder in Luft auf ...

Suche den erwachsenen, konstruktiven,
schönen und starken Teil in deinem Gegenüber.

Wenn Sie das Beste Ihres Gegenübers wollen, dann glauben Sie daran und sehen Sie zu, dass Sie es entdecken: Es funktioniert genau wie bei jeder anderen sich selbst erfüllenden Prophezeiung.

Im Alltag

Noch eine kleine, vielleicht wichtige Ergänzung. Wie alles im Leben, kann man auch Lösungsorientierung *übertreiben*. Oder, was noch häufiger vorkommt, *zu schnell* damit in ein Gespräch hineingehen.

Sehr oft ist es so, dass unser Gegenüber, wenn er oder sie uns ein Problem detailreich erzählt, erst einmal nur angenommen werden möchte mit allem, was dazu gehört. Das ist auch gut so – für die Psyche. Es hat einen entlastenden und reinigenden Effekt, wenn man jemandem, der so gut zuhört wie Sie, sein Herz ausschütten kann – bis zu einem gewissen Grad.

Wichtig ist, und das haben wir schon festgestellt, dass Sie sich nicht in eine gemeinsame *Problemtrance* hineinziehen lassen. Bevor es dazu kommt, bieten Sie Ihrem Gegenüber mit Ihrer lösungsorientierten Grundhaltung eine sanfte Korrektur an.

Stellen wir uns Lösungsorientierung als eine besondere Art von *natürlicher Kraft* vor: Setzen Sie diese Kraft in Ihrer Arbeit, Ihren Beziehungen, Ihrem ganzen Tun, Argumentieren und Handeln ein.

Lösungsorientierung ist die Zauberkraft
moderner Menschen des 21. Jahrhunderts.

Zeigen Sie, dass Sie an Ergebnisse glauben, daran, dass sich Menschen entwickeln, ihre Möglichkeiten früher oder später (oder doch schon früher) wahrnehmen, dass Sie ihnen etwas zutrauen, dass es geht, dass es gelingt … und beobachten Sie, was Sie als Antwort erhalten!

Chili-Impulse und Übungen

Jeder von uns hat sie als Option angelegt – die Fähigkeit zur Lösungsorientierung und zum Chancendenker. Ziel ist, diese Option zu einem festen Bestandteil unseres Charakters werden zu lassen. Hier erste Übungen – nach einiger Zeit werden Sie selbst herausfinden, was Sie weiter verfeinern können:

[20] Impuls-Sätze Lösungsorientierung
Ich bekämpfe nicht, ich löse!
Lösung im Mittelpunkt!
Ich achte auf das, was funktioniert!

Welcher der angeführten Sätze spricht Sie am meisten an? Schreiben Sie ihn auf und bringen Sie ihn an einer gut sichtbaren, günstigen Stelle an. Lassen Sie ihn für 2 Wochen da.

[21] Entscheidung
Treffen Sie für sich die Grundsatzentscheidung:
Ich gehöre ab heute zu den Chancendenkern!

[22] So-tun-als-ob
Wenn Sie in Gesprächen mit Menschen gehen, die Ihre ganze Abwehrkraft gegen den Sog des Problemdenkens auf die Probe stellen, dann stellen Sie sich vor:
Sie haben diesen wunderbaren Gen-Mix mitbekommen, der Sie von Geburt an zum unverwundbaren Chancendenker gemacht hat. Dann gehen Sie in das Gespräch, bleiben Sie emotional unbeeindruckt, aber voll ehrlichem Mitgefühl für Ihr Gegenüber!

[23] Training Lösungsorientierung
Stellen Sie in den nächsten 10 Gesprächen, in denen Ihnen jemand etwas *vorjammert,* nach ein paar Minuten (situativ angemessen) eine der folgenden Fragen:

- Und, was werden Sie jetzt machen?
- Wie kann ich dir jetzt weiterhelfen?
- Was können wir jetzt tun? …

[24] Training Vorwürfe

An Sie gerichtete Vorwürfe sind verunglückte (d. h. unglücklich formulierte) Wünsche! Werden Sie damit konfrontiert, *hören Sie den dahinterliegenden Wunsch heraus* und gehen darauf ein (wie auch immer). Bleiben Sie hingegen beim anklagenden (problematischen) Teil des Vorwurfs hängen, werden Sie sich wahrscheinlich rechtfertigen und verteidigen und das Gespräch wird weit weniger konstruktiv verlaufen.

Noch etwas …

Natürlich ist Ihnen aufgefallen: Hier haben wir ganz schön Etiketten aufgeklebt! Auf Sie, auf mich, auf andere: Der dort ist ein finsterer Pessimist, die dort eine sonnige Optimistin. Ich bin ab heute ein Chancendenker, mein Chef bleibt ein unverbesserlicher Problemewälzer …

Doch niemand von uns *ist* das eine oder *ist* das andere. Wir *verhalten* uns manchmal wie ein Chancendenker und wir *denken* manchmal ganz schön problemfixiert und *zeigen* uns manchmal von der einen oder andern Seite. Aber wir *sind* das alles nicht. *Wir verhalten uns bloß so.*

Und der Manager in uns, unsere innere Weisheit, unser Intellekt oder unser höheres Selbst (oder was auch immer bei *Ihnen* den Ton angibt) entscheidet, ob wir diesmal *das eine oder das andere tun* …

Darum verschwinde ich jetzt in den Keller, um Putzlappen und *Lösungs*mittel zu holen, um die letzten Etikettenreste von uns abzu*lösen* …

ZUSAMMENFASSUNG

1. Zerschneide nicht, was sich aufknoten lässt.
2. Was wir bekämpfen, verstärken wir:
   Don't fight the problem, solve it.
3. **Jeder ist Spezialist für sein eigenes Leben** und versucht, Probleme auf seine ganz persönliche Art zu bewältigen – diese Lösungsorientierung gilt es bei uns und anderen anzuregen.
4. **Das Goethe-Prinzip:** Behandle die Menschen so, wie sie sein könnten – das macht sie wertvoller.
5. **Menschen beeinflussen sich gegenseitig.** Sie kooperieren eher und ändern sich leichter in einem Umfeld, das ihre Stärken und Fähigkeiten unterstützt.
6. Lösungsorientierung lässt sich in Alltagsgesprächen mit Fragen anstoßen: **Was wirst du jetzt tun? Wie kann ich dir jetzt weiterhelfen?**
7. Lösungsorientierung bei Vorwürfen und Klagen heißt, **den dahinterliegenden Wunsch** herauszuhören und aufzuspüren.

LÖSUNGSORIENTIERUNG

Also ich seh das so:
Die Lösung ist, wenn der
Schmerz nachlässt, oder!?

5 SELBSTVERANTWORTUNG
Ich – Ich – Ich

Es zählt weniger, woher Sie kommen oder was Sie als Startbedingung mitbekommen haben. Entscheidend ist vielmehr, was Sie daraus machen.

Mit *Selbstverantwortung* (oder auch Eigenverantwortung) bezeichnet man die Fähigkeit und Bereitschaft, für das eigene Handeln (und Nichthandeln), Denken, Empfinden und Entscheiden die volle Verantwortung zu übernehmen.

Selbstverantwortung gehört (neben *Lösungsorientierung* und *Kairos*) zu den *strategischen* Qualitäten Ihrer Persönlichkeit – tief in Ihrem innersten Kern verankert, stellt sie Ihr Leben auf eine stabile Basis.

IN DIESEM KAPITEL ERFAHREN SIE …

- den Stellenwert, den Selbstverantwortung für Ihre Entwicklung hat;
- den Unterschied zwischen *Besserwissern* und *Lernenden, beruhigenden* und *eigenverantwortlichen* Erklärungen;
- wie Sie mit Ihren inneren Monologen Ihre Selbstverantwortung stärken;
- wie diese Qualität, einmal erkannt, Ihre persönliche Entwicklung beschleunigen kann und
- wie Sie das ganz praktisch im Alltag anwenden.

So, lassen Sie uns zu einem kurzen, aber wesentlichen Kapitel kommen. Wenn Sie der Untertitel glauben lässt, dass es jetzt um puren Egoismus geht, dann – leider nein! Es geht vielmehr darum, eine wesentliche Schlüsselqualität für unsere persönliche Entwicklung zu nutzen. Dazu gleich folgendes Beispiel:

> Max und Fred sind auf dem Weg ins Büro. Vom Parkplatz des Firmengeländes bis zum Haupteingang haben sie noch ein gutes Stück Fußmarsch vor sich. Die Luft ist schwül, über ihnen braut sich ein Gewitter zusammen. Plötzlich ein Donnergrollen und es gießt in Strömen. Die beiden laufen die letzten Meter zur rettenden Drehtür. Jemand lässt sie herein und staunt: »Sie sind ja ganz nass geworden!«
>
> »Ja«, sagt Max, der sich die Wassertropfen aus den Haaren schüttelt, »der Regenguss hat uns mitten auf dem Parkplatz erwischt!« Und Fred setzt hinzu: »Ich hab nicht daran gedacht, einen Regenschirm mitzunehmen …«

Wer von den beiden hat recht? Max, oder? Die Plötzlichkeit des Wolkenbruchs war ja absolut unvorhersehbar – die beiden hatten keine Chance, trocken ins Gebäude zu kommen. Oder doch Fred …?

Besserwisser und Lernender

Beide haben recht. Max hat recht, *weil das Wetter nun einmal nicht zu kontrollieren ist.* Aber auch Fred liegt richtig – *er hätte an seinen Schirm denken können,* der jetzt zu Hause liegt.

Also: Beide Aussagen sind *richtig.* Aber der entscheidende Moment kommt jetzt: Max' Aussage ist die eines *Besserwissers.* Er gibt eine *beruhigende* Erklärung ab – seine Erklärung für das Missgeschick liegt *außerhalb* seines Einflussbereichs (das Wetter ist nicht kontrollierbar, da ist nun einmal nichts zu machen). Das ist zwar einerseits beruhigend (weil man nichts tun kann), andererseits bleibt man zwangsläufig in einer Opferrolle und unkontrollierbaren Variablen ausgeliefert.

> *Beruhigende* Erklärungen schieben
> die Verantwortung nach außen.

Anders bei Fred, dem *Lernenden:* Er ist nass geworden, weil er nicht an den Schirm gedacht hat! Fred akzeptiert zwar auch die Realität einer Situation, sucht aber nach *handlungsauslösenden* Erklärungen. Damit eröffnet sich ihm die Möglichkeit, sein Verhalten zu verändern, um so auf die Situation (zumindest zukünftig) Einfluss nehmen zu können:

> Selbstverantwortliche Erklärungen lenken den
> Fokus auf den Spielraum eigener Einflussnahme
> und damit auf den Bereich freien Handelns.

Nehmen wir ein weiteres Beispiel. Sie sitzen in der Firma im Abteilungsmeeting, die Besprechung ist längst aus dem Ruder gelaufen, zwei Teammitglieder liefern sich einen fachlichen Disput, der Chef greift nicht ein, die Zeit ist längst überschritten. Auf Ihrem Schreibtisch liegt genug Arbeit ... Was geht Ihnen durch den Kopf?

... das ist wieder einmal typisch für unsere Besprechungen! Immer wird die Zeit überzogen! Die Agenda wird nicht eingehalten, der Chef sagt auch nichts ... Völlig sinnlos, hier meine Zeit abzusitzen ...

Alles »beruhigende« Erklärungen, oder? Wie schaut die Gegenstrategie aus, also *selbstverantwortliche (d. h. potenziell handlungsauslösende) Erklärungen* abzugeben?

Ich sehe (momentan) keine Möglichkeit, die beiden zu unterbrechen ... *Ich* habe (hier) nicht die Befugnis, die Moderation zu übernehmen ... *Ich* traue mich nicht, einfach aufzustehen und zu gehen ... oder vielleicht sogar: *Ich* stehe jetzt auf und gehe (mit einem Hinweis auf eine wichtigen Termin ...)

Ist Ihnen aufgefallen: Jeder dieser Sätze beginnt mit *Ich!*

Auf die erste Person kommt es an

Es ist im Grunde ganz einfach:

> Selbstverantwortliche Erklärungen werden immer in der *ersten Person* geäußert.

Das heißt, sie beginnen immer mit einem »Ich« (daher auch der Untertitel dieses Kapitels: Ich – Ich – Ich …). Anders bei beruhigenden Erklärungen, die immer in der dritten Person geäußert werden: »*Das* Wetter …«, »*Die* Wirtschaftskrise …«, »*Mein* Nachbar …«, »*Die* anderen Autofahrer …«.

Mit Sätzen, die mit »Ich« beginnen, übernehmen wir Verantwortung. Verantwortung für unsere Gedanken, unsere Gefühle, unser Handeln. Absolut und bedingungslos. Wenn ich sage: »*Ich* traue mich nicht, dieses Thema anzusprechen«, übernehme ich Verantwortung für meine augenblickliche Passivität – und habe jetzt zugleich die Möglichkeit, doch den Mund aufzumachen.[11]

Anders, wenn ich zu mir selbst sage: »Die Situation passt jetzt nicht …« Dann bin ich abhängig von irgendwelchen *Situationen, Vorbedingungen, Umständen*.

> Eine mächtige Quelle der Veränderung liegt darin, Verantwortung zu übernehmen.

Fred Kofmann, der das Beispiel mit den beiden Männern, die in den Regen kommen, in seinem Buch Meta-Management[12] beschreibt, spricht von *bedingungsloser Verantwortung*.

Hier noch einmal beide Strategien im Vergleich:

Beruhigende Erklärung	Selbstverantwortliche Erklärung
Der Grund für eine Beeinträchtigung liegt *außerhalb* von mir.	Der Grund für eine Beeinträchtigung liegt in *meinem* Erlebens- und Einflussbereich.
Ich bin Opfer, abhängig.	Ich bin Protagonist, Handelnder.
Da kann man nichts machen, das ist so …	Ich nutze meinen Spielraum.
Aussagen kommen in der 3. Person: »Der blöde Verkehrsstau lässt mich zu spät kommen ...«	Aussagen kommen in der 1. Person: »*Ich* habe diese Strecke gewählt, *ich* bin zu spät weggefahren ...«

Woran Sie selbstverantwortliche Menschen erkennen

Auf den ersten Blick unterscheiden sich selbstverantwortliche Menschen kaum von anderen. Mit etwas Aufmerksamkeit und detektivischem Spürsinn lassen sie sich aber recht schnell und eindeutig durch folgende Indizien feststellen:

- Selbstverantwortliche Menschen handeln mehr, als sie jammern.

Es sind Tatmenschen, die lieber ausprobieren als lamentieren. Sie stellen die eigenen Möglichkeiten in den Mittelpunkt ihrer Bemühungen, weniger die Gründe, warum etwas nicht geht.

- Wer eigenverantwortlich denkt und handelt, fragt meist nicht, wer Schuld an einer Situation hat, weil er weiß, dass ihn das nicht weiterbringt.

Genauso wenig ist er oder sie darauf angewiesen, Erklärungen und Ausreden zu erfinden, um seinem Umfeld zu beweisen, dass er nicht schuld ist.

- Selbstverantwortliche glauben nicht,
  alles allein erreichen zu müssen, sondern
  kennen und akzeptieren ihre Grenzen.

Wenn notwendig, organisieren sie sich Unterstützung und Hilfe. Auch dann geben sie ihre Verantwortung nicht ab, sondern schauen genau, ob sie die angeforderte Unterstützung wirklich weiterbringt.

- Selbstverantwortliche können,
  wenn notwendig, auch Nein sagen.

Oft erfordern Situationen, dass man sich zwischen seinen eigenen Bedürfnissen und Wünschen und denen seines Gegenübers entscheiden muss. Selbstverantwortliche nehmen ihre eigenen Bedürfnisse genauso wichtig wie Anforderungen von außen und können sich abgrenzen.

- Und schließlich sehen sich selbstverantwortliche
  Menschen als Teil Ihres Umfelds und
  nicht als Opfer oder Spielball.

Sie wissen, dass alles, was sie tun, Auswirkungen auf ihre Umgebung hat und damit ihr Umfeld mitbestimmt. Und daher nehmen Sie Einfluss, wo es geht.

Chili-Impulse und Übungen

Selbstverantwortung ist eine sehr stille, unauffällige Qualität, von außen als steuerndes Persönlichkeitsmerkmal selten direkt wahrnehmbar – dafür umso entscheidender. Wenn Sie das Gefühl haben, dass Sie dieser Schlüssel essenziell weiterbringen kann, dann stärken Sie Ihre Selbstverantwortung mit folgenden Impulsen:

[25] Impuls-Satz Selbstverantwortung
Ich ...!

[26] Entscheidung zur Selbstverantwortung
Treffen Sie *noch heute* für sich die Grundsatzentscheidung:
Ich gehöre ab jetzt zur Gruppe der Selbstverantwortlichen!

[27] Dritte Person
Überprüfen Sie, ob Sie oft in der dritten Person (über sich) sprechen. Immer wenn Sie registrieren, das Sie ins Jammern kommen, sich heruntermachen oder anderen die Schuld für unangenehme Situationen geben, reformulieren Sie diese inneren Kommentare in die 1. Person – das ist ein entscheidender Schritt.

[28] Ersetzen Sie »Ich kann nicht« durch »Ich will nicht«
oder »Ich will *noch* nicht«, und beobachten Sie, was sich dadurch für Sie ändert. Für ein Nichtwollen gibt es oft gute Gründe, die auch zu respektieren sind, während »Nichtkönnen« oft ein billiger Vorwand ist. Verantwortung heißt, sich zu entscheiden – eine Ermächtigung aus sich selbst heraus.

[29] Innere Monologe
Stärken Sie die Selbstverantwortung in Ihren inneren Monologen, indem Sie häufig folgende Wörter verwenden, wenn Sie im inneren Zwiegespräch sind: *autark, autonom, eigenständig, unabhängig, ich selbst, selbstbestimmt, ...*

Kraftvoll leben heißt, die volle Verantwortung zu übernehmen – egal, wie groß oder klein der Handlungsspielraum auch sein mag! Ihre Autonomie kann Ihnen niemand nehmen, außer Sie geben sie selbst ab.

ZUSAMMENFASSUNG

1. Menschen haben **beruhigende** und **selbstverantwortliche Erklärungen** für das, was ihnen im Alltag zustößt.
2. **Besserwisser** verwenden häufig beruhigende Erklärungen, **Lernende** bevorzugen selbstverantwortliche Erklärungen – ein elementarer Unterschied.
3. Selbstverantwortliche Erklärungen kommen aus der **1. Person**. Diese Sätze fangen mit »Ich« an.
4. Indem wir bedingungslose Verantwortung übernehmen, öffnet sich uns der Blick für den **Handlungsspielraum,** den wir in schwierigen Situationen nutzen können.
5. Mit Einnahme der **Protagonistenrolle** schlagen wir eine (angebotene) Opferrolle aus.
6. Selbstverantwortliche Menschen jammern wenig, suchen nach Spielräumen, vermeiden die Schuldfrage, nehmen Einfluss auf ihr Umfeld und organisieren sich, wenn notwendig, Unterstützung, ohne ihre Eigenverantwortung abzugeben.
7. Selbstverantwortung lässt sich **üben und trainieren**.

SELBSTVERANTWORTUNG find ich super!
Schließlich beißt jeder freiwillig
in mich hinein, oder?

6 KAIROS
Die Kunst des richtigen Zeitpunkts

Falscher Zeitpunkt, falscher Ort.
Aber wenn es das gibt,
gibt es auch das Gegenteil …

Hat man einmal Kairos für sich entdeckt, gelingt vieles einfacher und müheloser – oder überhaupt erst. Kairos, der Zeitgott des günstigen Moments, sensibilisiert für den richtigen Augenblick. Denn irgendwann ist Zeit unsere wichtigste Ressource …

IN DIESEM KAPITEL …

- lernen Sie (flankierend zu Ihrem bestehenden Zeitmanagement) einen weiteren, *neuen Zugang zum Zeitverständnis* kennen;
- erfahren Sie die faszinierende Andersartigkeit von *Kairos,* dem Gott des günstigen Augenblicks;
- werden Sie sensibilisiert, *gute Zeiten* und *Chancenfenster* im Alltag zu erkennen und zu nutzen;
- wird Ihnen gezeigt, wie Kairos Sie immer öfter *im richtigen Moment das Richtige tun* lässt;
- werden Sie motiviert, mit Kairos im Alltag zu experimentieren …

Könnte es sein, dass *gerade jetzt* ein besonders günstiger Moment wäre, in dieses Kapitel einzusteigen und Kairos kennenzulernen?

Wir haben Januar 2011, und ich habe ein völlig atypisches, beruflich »schräges« Jahr hinter mir. Ein wichtiger Kunde hat große Seminaraufträge gestrichen, mein jahrelang gewohnter Arbeitsrhythmus ist empfindlich durcheinandergeraten.

Natürlich war ich, wie es meinem Naturell entspricht, nicht untätig: Ich blicke zurück auf eineinhalb Jahre beharrliche Neukundenakquise, habe unzählige neue Firmen kennengelernt, kontinuierlich und diszipliniert neue Kontakte geknüpft. Doch noch immer habe ich einen »Überschuss« an Zeit, den ich gerne produktiv nutzen würde, bis neue Projekte in einem halben Jahr gestartet werden.

Immer öfter taucht in diesen letzten Wintertagen die Frage auf: Wofür will diese Zeit genutzt werden? *Wofür ist jetzt der richtige Zeitpunkt?*

Und dann, an einem kalten, klaren Morgen, während einer meiner ausgedehnten Laufrunden durch die Donau-Auen, plötzlich die Erkenntnis: Ich nutze das kommende halbe Jahr, um ein Buch zu schreiben – um *mein* erstes Buch zu schreiben! Die Erkenntnis bricht sich durch alle Schichten meines Erfassens, packt mich mit aller Konsequenz. Plötzlich ist das Wissen da, und nichts kann es aufhalten. Noch während des Laufens sind Thema und Arbeitstitel gefunden, ein erstes Inhaltsverzeichnis entsteht noch am selben Tag …

Ich erinnere mich an ein Gespräch mit Heinz, einem Freund und Kollegen, zwei, drei Jahre davor: Scherzhaft meinte er, ob wir nicht endlich das Alter hätten, ein Buch zu schreiben … Nein, nein, winkte ich damals ab – nichts für mich! Es gab damals keine Resonanz zu dieser Idee, kein Ankoppeln an diesen Impuls, kein Bedürfnis, das zu tun. Heute weiß ich: Die Zeit war einfach noch nicht reif. Es war *zu früh*.

Man kann es drehen, wie man will – alles hat seinen *richtigen* Zeitpunkt …

Chronos und Kairos

Ihr habt die Uhr. Wir haben Zeit.

ARABISCHE WEISHEIT

Im antiken Griechenland gab es zwei Gottheiten, die eine wichtige Rolle in der Bedeutung von Zeit spielten: Der eine war Chronos, der andere Kairos.

Chronos war zuständig für den *Zeitverlauf* sowie eine bestimmte *Zeitdauer*. Von ihm stammt unsere heutige Bezeichnung der Uhr als *Chrono*meter, mit seiner Hilfe teilen wir die Zeit in Minuten und Sekunden, Tage, Monate und Jahre. Chronos ist Grundlage des modernen Zeitmanagement-Verständnisses, in seiner Welt wird *Zeit gleich Geld* gesetzt.

Anders bei Gott Kairos, dem jüngsten Sohn des Zeus: Als spätgeborener Gott ist er die Personifikation dessen, was das griechische Wort *kairós* bedeutet – der Gott des günstigen Zeitpunkts. Er steht für die Tiefe des Moments, aber auch für die Flüchtigkeit des nicht genutzten Augenblicks, lässt die Zeit rasend schnell verlaufen und hält sie gleichsam plötzlich an. In der Welt des Kairos geht es manchmal schneller, wenn man erst einmal innehält und wartet, bis *der richtige Zeitpunkt* kommt.

KAIROS

I. Jeden Morgen wacht in Afrika eine Gazelle auf. Sie weiß, sie muss schneller laufen als der schnellste Löwe, um nicht gefressen zu werden. Zur selben Zeit wacht in Afrika ein Löwe auf. Er weiß, er muss schneller als die langsamste Gazelle sein, wenn er nicht verhungern will. Fazit: Es ist egal, ob man ein Löwe oder eine Gazelle ist, wenn die Sonne aufgeht, musst du rennen!

II. Jeden Morgen wacht in Afrika eine Gazelle auf. Sie weiß, dass sie den Tag nur überleben wird, wenn sie die Zeiten beachtet, zu denen sich die Löwen auf Nahrungssuche machen. Zur selben Zeit wacht in Afrika eine Löwin auf. Sie weiß, dass sie nur dann nicht verhungern wird, wenn sie die Zeiten beachtet, zu denen die Gazellen ihren Durst am Wasser stillen. Es ist egal, ob man eine Löwin oder eine Gazelle ist: Wenn die Sonne aufgeht, muss man etwas von den Zeiten anderer Lebewesen verstehen und sie beachten …

… und wer wird wohl heute weniger Kilometer unterwegs sein: Chronos oder Kairos?

Chronos gibt den Ton an

Wenn man im Internet recherchiert, findet man nicht wirklich viel zum Thema Kairos – Chronos. Es ist einfach kein Geheimnis, dass in unserer westlichen Welt alles nach der Pfeife des Chronos tanzt: Klassisches Zeitmanagement findet sich auf dem Stundenplan moderner Personalentwicklungsprogramme genauso, wie Outlook-Terminvereinbarungen, To-do-Listen und Zeitpläne mit Mile-Stones den Ton im Berufsleben angeben. Auf Chronos stoßen wir bei allen periodischen Ereignissen und Terminen; Chronos dominiert das heutige Zeitverständnis, weil er linear, berechenbar, kalkulierbar ist.

Kairos fristet hingegen ein Schattendasein, die Gründe dafür sind unterschiedlich. Im Wirtschaftsleben auf eine günstige Gelegenheit zu warten wird als ineffektiv und unökonomisch betrachtet. Der richtige oder geeignete Moment scheint eine Glückssache zu sein und verträgt sich nicht gut mit dem Bild des steuernden Managers, der zielstrebigen Karrierefrau.

Das alles ist ziemlich *chronoslastig,* oder? Wo bleibt da Raum für die Intuition, das Gespür für den richtigen Moment? Da wir alle ziemlich gut im Chronos-Modus funktionieren, werden wir uns in der Folge intensiv mit Kairos beschäftigen, doch …

… nicht ohne noch einmal eine Lanze für Chronos zu brechen: Ich halte selbst mehrmals im Jahr Zeitmanagementseminare und vertrete da auch klar die Haltung, dass gutes Zeitmanagement heute unverzichtbarer Bestandteil von integren Persönlichkeiten ist.

Zeitmanagement – also klassischer Chronos – in Verbindung mit Selbstorganisation gehört heute zu den Standards.

Gut strukturiert aufzutreten, mit der eigenen und der Zeit anderer sorgfältig umzugehen und Verbindlichkeit in den eigenen Zusagen anderen gegenüber sind absolutes Muss – und Schwächen in diesen Bereichen dürfen nicht auf Kairos geschoben werden!

Denn irgendwann im Lebenslauf kommt der Zeitpunkt, wo *Zeit* zu unserer zentralsten (weil immer knapper werdenden) Ressource wird; das früh genug herauszufinden ist daher absolut wichtig! Und dafür werden wir zukünftig *beide* Zugänge brauchen: Chronos *und* Kairos.

Zugänge zu Kairos

Halten wir uns noch einmal vor Augen, wofür Kairos steht:

> Kairos erinnert uns, dass es darauf ankommt, eine sich bietende Gelegenheit *zu erkennen und zu ergreifen.*

Das kann einmal heißen, auf einen schon fahrenden Zug aufzuspringen, bevor er auf Nimmerwiedersehen verschwindet, hingegen das andere Mal, zu warten, bis er überhaupt vorbeikommt! Doch wenn es so weit ist, ist es wichtig, zu handeln und eine *Entscheidung* (siehe ⸱⸱→ *7 Gut entscheiden)* zu treffen. Wenn das gelingt, können wir die Gunst des richtigen Augenblicks nutzen, weil wir bereit sind, zum richtigen Zeitpunkt das Richtige zu tun.

Zurück von meinem Morgenlauf, wende ich die 72+21-Formel an (vgl. ⸱⸱→ *9 Konsequenz)* und richte meinen PC für die bevorstehende Arbeit ein. Meine Euphorie ist grenzenlos! Endlich – ich weiß, wo es langgeht, ich schreibe mein erstes Buch! Natürlich wird mich das Projekt viel Kraft kosten, werde ich, geschüttelt von Zweifeln und Verunsicherung, immer wieder Fehler machen … ja, vielleicht irgendwann in den nächsten Wochen – aber jetzt bin ich einfach nur in *Kairos-Euphorie!*

Es sind nicht Wochen, sondern wenige Tage, die mich aus meiner Hochstimmung herausholen. Ich rechne hoch, wie viel Arbeit mich eine, zehn, hundert Buchseiten kosten werden. Ohne Disziplin wird hier gar nichts gehen. Ich erkenne, ich brauche wieder klare Strukturen. Schreiben ist Knochenarbeit. Also mache ich das, was ich gut kann – einen Zeitplan (Chronos lächelte versöhnlich): morgens zwei Stunden Rohtext schreiben, mittags eine Stunde Recherchieren und Konzeptarbeit, abends (im kreativen Leistungshoch) zwei Stunden inhaltlicher Feinschliff am Text.

So weit die Theorie. Leider mache ich die Rechnung ohne Kairos. Der hält sich nämlich überhaupt nicht an die geplanten Zeitvorgaben. Innerhalb kürzester Zeit lerne ich alles kennen, womit (nicht nur Anfänger-)Autoren zu kämpfen haben: Schreibblockaden, Widerwillen gegen alles, was nach Text aussieht, vernageltes Hirn, Unlust und Was-weiß-ich-noch-alles. Es dauert wieder seine Zeit, bis ich erkenne: O.k., Kairos, ohne dich geht es nicht! Ich schreibe *dann*, wenn *es* passt, wenn Kairos *es* erlaubt und nicht weil es Chronos von 9 bis 11 Uhr so will!

Also bitte ihr zwei Zeitgötter, einigt euch!

Erst im Zusammenspiel der beiden Zeit*kompetenzen* Chronos und Kairos erschließt sich die Stärke des einen in der Balance mit dem anderen! Machen Sie sich bewusst:

Ab jetzt verfügen Sie über *beide Zeitkompetenzen* – sie ergänzen sich da, wo die Qualität des jeweils anderen aufhört.

Je eingespielter, desto besser können Sie dieses Team für ein gutes und ausgeglichenes Gelingen Ihrer Aufgaben nutzen!

Wie gelingt das Kairos-Verständnis? Das hat viel zu tun mit:

- guten Zeiten und Tagesverfassung,
- Chancenfenstern,
- Kairos-Check,
- Unterscheidung: pünktlich – rechtzeitig,
- Unterscheidung: jetzt oder später/nie.

Gute Zeiten und Tagesverfassung

Sicher haben Sie schon festgestellt, dass manche periodisch wiederkehrenden Abläufe und Aufgaben zu *bestimmten* Tageszeiten leichter ablaufen als zu anderen Zeiten.

> So habe ich beispielsweise für mich herausgefunden, dass ich am besten (und liebsten) entweder zeitig in der Frühe, am frühen Vormittag oder am späten Abend laufe; die Mittagszeit bzw. der Nachmittag sind dafür weniger geeignet.

All das kann man sich gut mit den körpereigenen Abläufen und Biorhythmen erklären. Manche Tagesstunden eigenen sich einfach besser für Klavierspielen, Sex, die Buchhaltung, das Abarbeiten der Post, die Hausarbeit; genauso, wie es einen Unterschied macht, ob ich das Gemüse im Garten besser in der Frühe oder am Abend gieße …

… bewusst dagegen zu verstoßen ist weniger günstig und bedarf einer expliziten Erklärung. Solche Zeiten nennen wir *gute Zeiten*:

Gute Zeiten eignen sich *besser* für bestimmte Tätigkeiten als andere. Sie werden durch Ausprobieren herausgefunden.

Filterfragen für das Aufspüren *guter Zeiten* sind:

- Zu welchen Tageszeiten habe ich meine Leistungshochs? Was geht dann besser als zu anderen Tageszeiten an denen ich leistungsschwächer bin?
- Wofür eignen sich welche Tageszeiten am besten für mich? Für geistig Anspruchvolles und Hochwertiges? Für kreative Arbeiten? Für sportliche Aktivitäten? Für Erholung und Auftanken?
- Wie lassen sich nach Möglichkeit meine Aufgaben so im Tagesablauf unterbringen, dass sie ihren besten Zeitpunkt bekommen?

Überlagert werden gute Zeiten durch die *Tagesverfassung:* So ist an manchen Tagen das Laufen auch zu meinen besten Laufzeiten einfach eine Qual, an anderen Tagen eine reine Freude.

Das Berücksichtigen dieser individuell sehr unterschiedlichen Leistungsbereitstellung ist besonders wichtig bei kreativen Prozessen, anspruchsvollen Aufgaben oder sportlichen Leistungen. Hier zeigt die Erfahrung, dass es oft besser ist, abzuwarten, bis unser Organismus die benötigten Ressourcen von sich aus zur Verfügung stellt, statt sie ihm an einem »schlechten« Tag abzuringen. Dieses Vorgehen nennen wir Beachtung der aktuellen

---

Tagesverfassung: Miteinbeziehen des Organismus in die Leistungsbereitstellung. Sie wird durch bewusstes Wahrnehmen festgestellt.

Filterfragen zur *Tagesverfassung* sind:
- Wozu eignet sich der heutige Tag ganz besonders, mehr als vielleicht sonst?
- Womit sollte ich heute eher abwarten? Wozu bräuchte ich heute mehr Einsatz als sonst? Was wäre besser zu vertagen?
- Was sollte ich heute vielleicht anders machen als üblich, umfangreduziert oder in Sparausführung, weil es in Summe an einem anderen Tag einfach effizienter wäre?
- Eignet sich der heutige Tag mehr zur Vorbereitung, Planung einer Aufgabe als zu ihrer Durchführung? Sollte ich jetzt eher säen, um zu einem späteren Zeitpunkt zu ernten?

Chancenfenster

Kommen wir nun zur spannendsten Facette von Kairos. Wenn Sie sich die historischen Darstellungen von Kairos anschauen, werden Sie feststellen, dass er Flügel hat – die alten Griechen wussten schon, warum sie darauf Wert legten. Kairos ist nämlich sehr *schnell!* Soll heißen: Wenn eine selten-günstige Gele-

genheit auftaucht (so, wie sich ein Fenster plötzlich öffnet …),
dann meist ganz spontan und nur für kurze Zeit. Dann ist es
angebracht, sofort zu handeln und die Dinge entschlossen in
die Hand zu nehmen – bevor sich das Fenster wieder schließt.

> **Chancenfenster** sind selten-günstige Momente,
> die nur sehr kurzfristig als Option zur Verfügung
> stehen – sie erfordern, darauf vorbereitet zu sein,
> sowie entschlossenes Handeln und Entscheiden!

KAIROS

Ganz gleich, ob das gerade die Möglichkeit ist, jemanden anzusprechen (den Sie gerne kennenlernen wollen), die Option, ein
günstiges Geschäft abzuschließen (bevor es ein anderer tut),
das Eintreffen günstiger Konstellationen, die es erlauben, etwas längst Überfälliges zu starten (Rückenwind für etwas Unangenehmes), oder sinnlose Wartezeiten, die sinnvoll genutzt
werden könnten (wenn wir das als solches erkennen) – *all das
ist Kairos,* das Arbeiten mit Chancenfenstern!

Halten wir gleich noch einmal fest: Kairos steht für
* einmalige Möglichkeiten, die sich für kurze Zeit auftun (die
  gilt es zu erkennen und zu nutzen);
* die Fähigkeit, aus kleinen Gelegenheiten Großes zu machen
  (also Steh- und Wartezeiten produktiv zu nutzen);
* günstige Gelegenheiten, um schon lang Aufgeschobenes
  jetzt zu starten (also Startsignale zu erkennen).

Hat man das alles einmal für sich erkannt, ergeben sich faszinierende Möglichkeiten um mit der Situation neu umzugehen,
insbesondere dann, wenn *Flexibilität* (siehe ⇢ *1 Flexibilität*) und
Entscheidungssicherheit (siehe ⇢ *7 Gut entscheiden*) als starker
Partner zur Verfügung stehen!

Der Kairos-Check

Wir wissen schon: Kairos entscheidet über den günstigen Zeitpunkt. Doch wie erkennt man den? Manchmal ist der günstige Moment einfach *offensichtlich:* Man erkennt, dass es *jetzt* klug ist, aus einem Gespräch auszusteigen, es *jetzt* an der Zeit ist, das günstige Flugangebot zu buchen, es *jetzt* der richtige Zeitpunkt ist, eine Beziehung zu beenden.

In vielen Situationen liegt diese intuitiv gespürte Offensichtlichkeit (noch) nicht vor. Will man dann bei heiklen Entscheidungen und schwierigen Projekten wissen, ob der Zeitpunkt reif ist, kann man den

---

Kairos-Prüfsatz: »Ich bin bereit!«

---

verwenden. Damit klären Sie die innere Sicherheit oder Unsicherheit über den Start eines Projekts, also ob Ja oder Nein. Das hat dabei absolut nichts mit Magie oder Esoterik zu tun, sondern setzt auf die *innere Überprüfung,* ob alle inneren Instanzen widerspruchsfrei auf die Umsetzung des Vorhabens eingestellt sind.

Können Sie den Satz klar und deutlich sagen (gleich ob still nach innen oder laut ausgesprochen), dann ist er ein kraftvoller Unterstützer, um hier und jetzt loszulegen! Erzeugt der Satz hingegen Ambivalenz und Skepsis, dann ist der richtige Zeitpunkt (noch) nicht gegeben …

Das gilt natürlich auch für jede größere persönliche oder berufliche *Veränderung:* Hört sich der Satz klar und stimmig an, bewirkt er wie ein kraftvolles *Ja* das Öffnen von Türen. Ist er begleitet von Zögern und Zaudern, sind Sie noch nicht so weit. Werden Sie trotzdem aktiv, wird das Projekt ein Vielfaches an Energie und Aufwand kosten oder vielleicht überhaupt scheitern.

Pünktlich oder rechtzeitig?

Noch ein weiterer Aspekt, der sich uns durch die Kompetenz-Zwillinge Kairos – Chronos erschließt: Während in der Welt des Chronos *Pünktlichkeit* das Maß der Dinge ist, ist für Kairos *Rechtzeitigkeit* das Gebot der Stunde, denn …

Pünktlich ist zu spät, wenn die anderen schon angefangen haben und definitiv zu früh, wenn die anderen noch gar nicht da sind! Passender ist da schon der Terminus *rechtzeitig,* d. h. im rechten Augenblick – dann, wenn es der Situation gemäß der bestmögliche Zeitpunkt ist. Oder wie es Kairos ausdrückt:

Zu früh ist zu früh, zu spät ist zu spät.
Nur rechtzeitig ist rechtzeitig!

Also wenn Chronos und Kairos gemeinsam losziehen, um einen Termin wahrzunehmen, dann trachtet Chronos danach, *pünktlich* da zu sein – Kairos hingegen erscheint *rechtzeitig.* (Und manchmal ist das eine, manchmal das andere besser.)

Jetzt oder später (nie)

Stellen wir uns für einen Moment vor, ab sofort leben wir Menschen ewig.[13] Ziemlich rasch zerfällt die Menschheit in zwei Gruppen: die *Später*-Menschen und die *Jetzt*-Menschen.

Später-**Menschen** gehen davon aus, es bestehe
kein Grund, irgendetwas sofort zu beginnen …

… etwa ein bestimmtes Buch zu lesen, ein Training aufzunehmen, eine Sprache zu lernen oder zu heiraten: Es steht ja noch unendlich viel Zeit zur Verfügung! Also können ja bequem alle Dinge – *irgendwann später* – untergebracht werden. Und die Vorhaben warten. Wie man rasch erkennt, verfügen Später-Menschen über Gelassenheit und die Fähigkeit, zuwarten zu können.

Anders bei den *Jetzt*-Menschen:

Jetzt-Menschen erkennen, dass sie in ihrem Leben
alles machen können, wozu die Vorstellung reicht –
und wollen dieses Potenzial *jetzt* ausschöpfen!

Sie werden daher vieles ausprobieren und ihr Denken häufig
ändern: Jetzt-Menschen sind proaktiv und initiativ. Sie packen
Dinge *gleich* an, wenn der Gedanke daran auftaucht.

Treffen sich zwei *Jetzt*-Menschen, tauschen sie sich über ihre
Erfahrungen aus, ziehen Vergleiche, schauen auf die Uhr …
Treffen sich an gleicher Stelle zwei *Später*-Menschen, so denken
sie über die Zukunft nach, schwelgen im Augenblick, verlieren
sich in Optionen, verweilen im Genuss des Augenblicks.

In welcher Gruppe finden Sie sich eher wieder? Was ändert
sich sofort für Sie, wenn Ihnen eröffnet wird, dass Sie mit Sicherheit zwar nicht unendlich, aber, sagen wir, noch gut 200
Jahre (gesund und glücklich) leben werden? Stürzen Sie sich
sofort in den eröffneten Freiraum oder lehnen Sie sich erst einmal entspannt zurück …

Was ist Ihr Zugang? Und was können Sie vom jeweils anderen Lebensansatz für Ihr Leben mitnehmen?

Chili-Impulse und Übungen

Kairos-Kompetenz ist eine unschätzbare Ressource, wenn einmal für sich erschlossen. Sie wird – ähnlich wie wir uns klassisches Chronos-Zeitmanagement angeeignet haben – durch
Training erworben. Wofür wäre jetzt ein guter Moment, um
mit den folgenden Vorsätzen zu beginnen?

---

[30] Impuls-Sätze Kairos
Ich erkenne günstige Momente!
Ich nütze Chancenfenster!
Ich achte auf Zeit-Qualitäten!

▶

Welcher der angeführten Sätze spricht Sie am meisten an? Schreiben Sie ihn auf und bringen Sie ihn an einer gut sichtbaren, günstigen Stelle an. Lassen Sie ihn für 2 Wochen da.

[31] Training richtiger Moment

Setzen Sie sich einen Übungszeitraum von 3 Wochen, in dem Sie sich im Alltag explizit mit *dem richtigen Augenblick* beschäftigen. Nutzen Sie jede sich bietende Gelegenheit, mit Fragen zu experimentieren, wie:

- Wofür eignet sich *dieser Moment* ganz besonders?
- Wann ist der beste Moment, um mich in ein Gespräch einzubringen? Wann ist der richtige Augenblick, mich wieder zu verabschieden? Wann bringe ich etwas ein? Usw.
- Wann ist der beste Zeitpunkt, mit Tätigkeit X zu beginnen …?

Folgen Sie Ihrer Kairos-Intuition …

[32] Chancenfenster

Setzen Sie sich einen Übungszeitraum von 3 Wochen, in dem Sie sich gezielt mit Chancenfenstern beschäftigen: Starten Sie morgens in den Tag, indem Sie sich bewusst vornehmen, 2 bis 3 Chancenfenster explizit als solche bei sich (oder anderen) zu erkennen (also Optionen, die kurzfristig im Tagesablauf auftauchen und gleich wieder verschwinden). Ob Sie dann die Option wahrnehmen oder fallen lassen, entscheiden Sie spontan.

[33] Kairos-Check

Stehen Veränderungen oder Entscheidungen an, überprüfen Sie sie mit dem Testsatz: *Ich bin bereit,* laut gesprochen oder innerlich gedacht. Sensibilisieren Sie sich, stellen Sie sich so ein, bis sich die Frage verinnerlicht hat und nicht mehr explizit als Gedanke auftauchen muss, um eine Kairos-Antwort auszulösen. Auch hier wieder ein Übungszeitraum von 3 Wochen!

[34] Experiment Aufstehen

Stellen Sie sich für dieses Experiment abends den Wecker 10 Minuten früher als üblich. Wenn er morgens klingelt, stellen Sie den Wecker ab und bleiben im Bett. Beobachten Sie, was passiert. Geben Sie sich nicht (vom Verstand her) das Kommando, dass Sie aufstehen müssen, sondern lassen Sie einfach alles geschehen. Versuchen Sie exakt den Moment zu lokalisieren *(wann genau!),* in dem die Entscheidung fällt, aufzustehen. Gehen Sie dafür einfach in die Position des inneren Zeugen und beobachten Sie, *wer wo wann* in Ihnen die Entscheidung fällt, die Bettdecke zurückzuschlagen und die Beine hinauszuschwingen. Sie werden feststellen, *es* passiert einfach ...

[35] Zusammenspiel Chronos – Kairos

Zeit, Disziplin und Gelassenheit sind ein untrennbares Dreigespann. Legen Sie eine zweispaltige Liste mit Situationen, Aufgaben und Tätigkeiten an.

Tragen Sie auf der rechten Seite ein, wo Sie zukünftig *gelassener* agieren und auf den *besten Zeitpunkt* achten wollen – ganz im Sinne von Kairos. In die linke Spaltenhälfte kommen die Vorhaben, wo Sie zukünftig zeitdisziplinierter vorgehen möchten – damit Chronos zu seinem Recht kommt.

Ja, es gibt sie, die magischen Momente. Es ist ein Wissen, das entsteht, wenn man sich mit Zeit beschäftigt. Es hat nichts mit Esoterik, Mondkalender, Astrologie oder Mystik zu tun.

Lerne die Gunst des richtigen Moments zu nutzen – dann wird er zum magischen Moment.

Es ist die Erkenntnis, dass es für alles *einen bestmöglichen Zeitpunkt* gibt. So, wie der Landwirt weiß, wie wichtig es ist, den richtigen Zeitpunkt für das Ausbringen der Saat zu treffen: zu früh, und der letzte Frost lässt alles verkommen, zu spät, und es wird nicht mehr vor dem Herbst reifen ...

1. Die zwei Zeitkompetenzen **Kairos** und **Chronos** entfalten ihre jeweiligen Stärken in der gelungenen Ergänzung.

2. **Chronos**: Solides **Zeitmanagement ist Standard**. Wichtigste Basis sind Disziplin und Konsequenz.

3. **Kairos** heißt, **offen zu sein für günstige Momente** *im Alltag* – was für große Entscheidungen und Vorhaben gilt, gilt auch im Kleinen. Basis von Kairos ist *Intuition*.

4. **Gute Zeiten** eignen sich für bestimmte Tätigkeiten im Tagesablauf besser als andere. Sie werden durch Erfahrung ausfindig gemacht.

5. Die **Tagesverfassung** überlagert individuelle Leistungshochs und -tiefs. Ihre Berücksichtigung macht uns über einen längeren Zeitraum effektiver.

6. **Chancenfenster** sind selten-günstige Momente, die nur sehr kurzfristig als Option zur Verfügung stehen – sie erfordern, darauf vorbereitet zu sein, sowie entschlossenes Handeln.

7. Mit dem **Kairos-Check** *Ich bin bereit* lässt sich die Stimmigkeit für den Start eines Vorhabens überprüfen.

8. Wenn über längeren Zeitraum etwas nicht gelingen will, überprüfen Sie, ob *für etwas anderes* der richtige Zeitpunkt ist.

9. Zu früh ist zu früh. Zu spät ist zu spät.

Also ich bin Kairoianerin:
Jederzeit bereit ...

7 GUT ENTSCHEIDEN
Bauch, Kopf, Münze?

Ein Hund hat zwar vier Beine,
aber er kann nicht gleichzeitig auf vier Wegen
laufen.

AUS SPANIEN

Alles, was wir tun, basiert auf vorausgegangenen Entscheidungen. Unser Leben ist durchzogen von unzähligen kleinen alltäglichen Entscheidungen – darüber, was wir anziehen, essen, kaufen, bis hin zu den großen Entschlüssen, welchen Beruf wir ergreifen, ob und wen wir heiraten und wie viele Kinder wir in die Welt setzen.

Gemeinsam mit *Mut* und *Kairos* hilft Ihnen *Gut Entscheiden* bessere Wahlen zu treffen und damit zu mehr Lebenszufriedenheit.

IN DIESEM KAPITEL ERFAHREN SIE ...

- alles über Ihre beiden Entscheidungsinstanzen *Kopf* und *Bauch*;
- worauf Sie als Bauch-Entscheider achten und was Sie als Kopf-Entscheider unterlassen sollten;
- vier wissenschaftlich abgesicherte Tipps, worauf Sie bei Ihren Entscheidungen achten sollten;
- wie Sie Ihre Entscheidungssicherheit im Alltag praktisch weiter verbessern.

Die Weichen stellen

Lassen Sie uns gleich zum Thema kommen: Entscheiden Sie sich bitte für eine der folgenden Wahlmöglichkeiten:

(a) Blättern Sie *weiter zur Zusammenfassung* auf Seite 102, lesen Sie diese, um sich einen Überblick über dieses Kapitel zu verschaffen, und steigen Sie dann wieder hier ein.

(b) *Lesen Sie hier im Text weiter* – die Zusammenfassung am Ende des Kapitels ruft Ihnen *dann* das Wichtigste noch einmal ins Gedächtnis.

(c) Machen Sie *weder* (a) *noch* (b) …

Wunderbar – Sie haben eben eine Entscheidung getroffen. Jeder von uns trifft ständig Entscheidungen, was auch gut und wichtig ist, sonst würden das andere für uns tun.

> Jeder Schritt, den wir morgen tun, wird von Entscheidungen gelenkt, die wir heute treffen.

Davon mögen die wenigsten bedeutend sein und viele werden unbewusst, scheinbar *zufällig* gefällt. Sieht man aber jede Entscheidung als eine kleine Weggabelung am Lebensweg, dann fängt es langsam an, interessant zu werden:

* Welche psychologischen Prozesse nehmen Einfluss auf unsere Entscheidungen?
* Was sollte man darüber unbedingt wissen?
* Und was tut man dann mit diesem Wissen?

Die Laufrunde

Wenn ich meine Gartentür schließe, habe ich noch etwa 20 Meter bis zum Hochwasserschutzdamm auf der anderen Straßenseite. Ein kleiner Weg leitet auf die Dammkrone. Hier beginnen meine Laufstrecken, die ich seit mehr als 15 Jahren regelmäßig nutze.

Zunächst geht es noch etwa 120 Meter geradeaus. Dann teilt sich der Weg: Links zweigt der Damm Richtung Muckendorf ab, rechts geht es hinunter nach Greifenstein.

Beide Routen sind etwa gleich lang; 8,1 km ist die Muckendorf-Runde, 8,3 km die Greifenstein-Runde; beide Laufstrecken haben ihre klaren Vor- und Nachteile. Die Muckendorf-Runde (links) führt fast ausschließlich den Damm entlang, der Untergrund ist Gras (angenehm für die Gelenke), nur einmal eine längere Schotterstraße. Zu bestimmten Tageszeiten trifft man hier oft Spaziergänger, die mit ihren Hunden unterwegs sind (hab ich nicht so gern), sonst gibt es hier viel Natur (gut zum Entspannen). Ist das Wetter dementsprechend, hat man hier andererseits ganz schön mit Gegenwind zu kämpfen ... Die Greifensteinrunde (rechts) geht durch eine abwechslungsreiche Kleingartensiedlung, in der vor allem am Wochenende viel los ist (interessant!). Der Weg besteht zu 50 % aus Asphalt, der Rest ist Schotter oder Gras. Besonders ruhig ist es hier nicht – man trifft öfter auf Radfahrer und Autos (schätze ich weniger). Bei Westwind ist man hier allerdings gut geschützt.

Es ist kurz nach halb sieben Uhr morgens. Der »Kopf« hat (bereits am Vorabend, nach einem kritischen Blick in den Kalender) rigoros entschieden, dass es heute wieder Zeit für einen Morgenlauf ist. Da Schuhe und Laufhose schon bereitliegen, läuft alles vollautomatisch ab, und bevor der innere Schweinehund überhaupt registriert, was hier abgeht und Protest einlegen kann, bin ich schon im Freien.

Schnell geht es die wenigen Schritte auf den Damm hinauf. Schon von Weitem sehe ich die Weggabelung: Links oder rechts? Welche Runde drehe ich heute?

Ich lasse mich überraschen – *diese* Entscheidung trifft nicht der Kopf! Ich weiß (aus zahlreichen, früheren Erfahrungen), dass es funktioniert – *automatisch* werden meine Beine nach links oder rechts einbiegen; ich brauche nur meinem Körper zu folgen.

Es ist wie ein Spiel, bei dem ich die Rolle des Zuschauers einnehme: Lasse mich überraschen, was *er* (der Bauch) bzw. *sie* (die innere Weisheit) bzw. *es* (das Körpergefühl) entscheidet ...

Zwei Entscheidungsinstanzen

Stark vereinfacht haben wir zwei Instanzen, die bei der Frage, ob wir uns für oder gegen etwas entscheiden, mitreden: Der Verstand und das Gefühl (im Alltag salopp mit »Kopf« und »Bauch« bezeichnet). Bei den meisten von uns dominiert einer der beiden Entscheidungspartner, demzufolge sprechen wir von *Kopfmenschen* und *Bauchmenschen*.

Bei den *Kopfmenschen* werden Gefühle vernachlässigt bzw. spielen eine untergeordnete Rolle; sie entscheiden primär rational, mit dem Verstand:

Reine Kopfmenschen entscheiden nach
Nützlichkeit, Vernunft und Prinzipien.

Dabei entgeht ihnen zwangsläufig ein wichtiger Ratgeber, denn häufig nehmen wir aus der Umwelt *unbewusst wichtige Signale* wahr, die entscheidungsrelevant sein könnten! Auch frühere Erfahrungen sind mit Gefühlen verknüpft, die sofort (ohne langwierige Prüfung) zur Verfügung stehen. Beziehen wir diese Informationen nicht mit ein, besteht die Gefahr, Wichtiges zu übersehen. Ein anderer Nachteil der rein verstandesmäßigen Entscheidung liegt darin, dass Entscheidungen später wieder gekippt werden können – was uns möglicherweise unglücklich macht.

Bei den *Bauchmenschen* ist es genau umgekehrt: Ausgangspunkt ist hier die Überlegung, dass Gefühle den richtigen Weg zeigen.

Reine Bauchmenschen entscheiden nach dem Gefühl –
ob sich etwas gut anfühlt, anspürt oder eben nicht.

Ausgeblendet wird dabei, dass Gefühle weder moralisch richtig noch intelligent sind und damit in die Irre führen können: Das Bedauern zahlreicher falscher *spontaner* Entscheidungen ist das Resultat.

Halten wir noch einmal fest:

Der Verstand	Das Gefühl
beurteilt Situationen nach Fakten, (sachlichen) Informationen und Argumenten und wägt sie »objektiv« ab. Beispiel: »Joggen ist gut für mich, es verbessert Lebensqualität und Wohlbefinden, senkt meinen Blutdruck und lässt mich besser mit Stress umgehen …«	vergleicht mehr oder weniger automatisiert (im Alltag gern mit *intuitiv* bezeichnet) die *vorliegende* Situation mit allen bisher verfügbaren gemachten (oder vorstellbaren) ähnlichen Situationen und stellt eine (gefühlte) innere Zustimmung oder Ablehnung zur Verfügung. Beispiel: »Uuhh, Joggen, nein danke, das wird heute anstrengend – lieber nicht …«
beurteilt danach, ob eine Sache *vernünftig* oder *unvernünftig* ist. Unser Verstand funktioniert zuverlässig, solange wir nicht abgelenkt werden und weder unter- noch überfordert sind (Langeweile bzw. Panik): Dann greifen wir im Alltag schnell auf die Muster zurück, die nicht auf Basis des Verstandes, sondern mithilfe unseres *emotionalen Erfahrungsgedächtnisses* funktionieren …	beurteilt danach, ob eine Sache *angenehm* oder *unangenehm* ist. Das »Bauch«-Gefühl bezieht seine Information aus dem emotionalen Erfahrungsgedächtnis. Es ist also keine geheimnisvolle Macht im Spiel, wie die moderne Hirnforschung zeigt, sondern die Summe aller bisherigen Erfahrungen, auf die wir uns beziehen können.

Wir haben also *zwei voneinander unabhängige* Systeme, die wir nutzen, um zu einer Einschätzung von Situationen und Handlungsoptionen zu kommen.

Dass beide Systeme nicht immer gleicher Meinung sein müssen, kann man sich leicht vorstellen: Der Kopf sagt beispielsweise: »Ja klar, machen wir«, das Gefühl hingegen sendet: »Nein, nicht mit uns, ganz sicher nicht!« – das Ganze läuft natürlich auch umgekehrt.

Kopf und Bauch bewerten ein und dieselbe
Sache möglicherweise unterschiedlich.

Um Widersprüchlichkeiten und intrapsychische Konflikte zu
vermeiden, macht es Sinn, etwas mehr über die Entscheidungs-
instanz »Bauchgefühl« zu wissen, um sie richtig einsetzen zu
können.

Alarmglocke & Startsignal: Somatische Marker

Vom portugiesischen Neurowissenschafter António R. Damásio
stammt die Theorie, dass wir Menschen alles, was wir erleben,
in einem *emotionalen Erfahrungsgedächtnis* speichern. Dieses
Erfahrungsgedächtnis teilt sich über ein körperliches Signalsystem mit und wird mit dem Begriff *somatische Marker*[14] bezeichnet.

Sind wir in einer Situation mit verschiedenen Handlungs-
alternativen konfrontiert, checkt unser Erfahrungsgedächtnis
blitzschnell, ob bereits ähnliche Erfahrungen vorliegen und
mit welchen Gefühlen diese in der Vergangenheit verknüpft
wurden. Diese Information wird über eine *gefühlte* (Summen-)
Emotion zur Verfügung gestellt. Salopp formuliert sendet dann
das Erfahrungsgedächtnis entweder *grünes Licht: Go!* (angenehm bzw. gute Erfahrungen bisher), oder *rotes Licht: Stopp!*
(Achtung, schlechte Erfahrungen bisher).[15]

Die *somatischen Marker* sind also ein automatisches, körpereigenes System zur Bewertung von Vorhersagen. Da sie nur die
Aufgabe einer »Alarmglocke« oder eines »Startsignals« haben,
können sie uns das Denken nicht abnehmen:[16]

Somatische Marker sind eine weitere
schnelle Informationsquelle – basierend auf
der gesamten bisherigen Lebenserfahrung.

Zum Treffen von Entscheidungen verfügen wir also im Idealfall über beides:

Schnelle erste Einschätzung durch die *somatischen Marker* (Bauch) und eine darauf folgende Überprüfung durch den *Intellekt* (Kopf).

Zusammenspiel und Arbeitsteilung

Aus dem bisher gesagten lässt sich schon erkennen, dass beide Strategien (Kopf bzw. Bauch) klare Vor- und Nachteile mitbringen. Am besten ergänzen sie sich komplementär und teilen sich die (Entscheidungs-)Arbeit auf:

Vertrauen Sie Ihrem *Gefühl* in komplexen Situationen, die Sie schon öfter erlebt haben (also ein Gebiet, das Ihnen nicht neu ist) – es ist schneller und punktgenauer als die Kopfentscheidung.

Benutzen Sie Ihren *Kopf* in neuen, unbekannten Situationen und machen Sie Ihre Hausaufgaben: Holen Sie alle Informationen, die Sie bekommen können, und machen Sie sich schlau – dann erst wird entschieden, indem Sie auf das hören, was Ihr *Verstand* sagt.

Im Idealfall arbeiten Verstand und Bauchgefühl gleichgewichtig zusammen und liefern jeweils ihre Einschätzung der Situation. Solche Entscheidungen, die mit (mehreren) *Feedbackschleifen zwischen beiden Instanzen* getroffen werden, sind kluge Entscheidungen:[17] Es fließen das ganze Wissen und alle bisherige Erfahrung mit ein.

Das Geheimnis guter Entscheidungen liegt also darin, mit *beiden* Entscheidungsinstanzen zu arbeiten; und da jeder von uns bestimmte Präferenzen hat, macht es Sinn, den jeweils schwächeren (Entscheidungs-)Partner zukünftig stärker einzubinden:

> Kopf- und Bauch-Entscheider tun gut daran,
> die jeweils andere Stimme im Entscheidungs-
> prozess stärker mit zu berücksichtigen.

Strategien für Bauch-Entscheider

Bauch-Entscheider sind meist Schnell-Entscheider und, wenn die somatischen Marker *Go!* senden, schnell entflammbar. Charakteristisch für sie sind dann Ungeduld und schlechte Laune, wenn andere noch Zeit zum Nachdenken brauchen und die Situation eingehend analysieren wollen. Andererseits holt sie oft die Enttäuschung ein, wenn sie realisieren müssen, in der ersten Euphorie doch nicht so gut entschieden zu haben.

Als Bauch-Entscheider verbessern Sie Ihre Entscheidungsfähigkeit daher ganz wesentlich, wenn Sie auf Folgendes achten:

- Wenn bestimmte Gefühle auftauchen, begeben Sie sich mit der Frage *Warum?* auf die Suche, um herauszufinden, weshalb sich Ihr Körper genau jetzt *mit diesem* Signal meldet. Dann *überlegen* Sie sich, was schlimmstenfalls passieren würde, wenn sich später herausstellen sollte, dass Sie sich falsch entschieden haben. *Wie wird mein Kontostand aussehen, wenn ich diesen Menschen heirate? Worüber und wie oft werden wir streiten?*

- Als Schnell-Entscheider besteht Ihre größte Herausforderung weiter darin, sich selbst abzubremsen und eine Denkpause einzulegen – es geht um eine *Verzögerung* bis zur (tatsächlichen) Entscheidung. Nutzen Sie die (Nachdenk-)Pause, um die Konsequenzen Ihrer Entscheidung durchzuspielen. *»O. k., lass uns 5 Minuten nachdenken …«*

Strategien für Kopf-Entscheider

Kopf-Entscheider nutzen exzellent ihren Verstand, aber kaum das Signalsystem der somatischen Marker. Dabei könnten sie einen wertvollen Beitrag liefern zur Frage, ob uns etwas guttun wird oder nicht – darum sollten sie bei der Entscheidungsfindung unbedingt mit hinein.

Als Kopf-Entscheider sollten Sie daher die Bauchgefühl-Instanz stärken, damit sie Ihnen auch zur Verfügung steht:

- Trainieren Sie den Zugang zu Ihren Körpergefühlen. Beginnen Sie mit einfachen Übungen, wie der Bestellung in einem Restaurant: Fisch oder Huhn? Stellen Sie sich beide Gerichte vor Ihrem inneren Auge vor: Sehen, riechen, schmecken Sie das Hühnerbrustfilet, den Seelachs … *Was sagt mein Gefühl? Wo läuft mir das Wasser im Mund zusammen?*
- Wichtige Entscheidungen überprüfen Sie (nach gewohnter analytischer Vorgangsweise) mit dem Bauchgefühl: Malen Sie sich aus, wie Sie sich *fühlen* werden und wie sich Ihr Leben verändert, wenn Sie sich für die Alternative X entschieden haben. *Wie wird es mir in einem, in drei oder fünf Jahren damit gehen?* Machen Sie sich Ihre gesamte Erfahrung aus der Vergangenheit zunutze: Alles, was Sie jemals über Ihre fünf Sinne wahrgenommen oder gespeichert haben – fühlt es sich gut oder schlecht an? *Wie werde ich mich in drei Jahren fühlen, wenn ich diesen Menschen heirate?*

Vier Kriterien, um besser zu entscheiden

Da Entscheidungen in unserem Leben eine so zentrale Rolle spielen, sind sie auch zum wichtigen Forschungsgegenstand verschiedenster Disziplinen geworden.

Herausgekommen ist ein ganzes Bündel an Empfehlungen, worauf man achten sollte, wenn Entscheidungen anstehen. Hier eine Auswahl wissenschaftlich abgesicherter Empfehlungen:

1. Begrenzen Sie die Auswahl. Je mehr Möglichkeiten, desto besser – das gilt oft, aber nicht unbedingt beim Entscheiden! Menschen wählen ihr Abendessen lieber von einer Karte mit zehn Angeboten als mit dreißig. Es ist eben wesentlich leichter und einfacher, aus einem *überschaubaren* Angebot zu wählen.

Eine überschaubare Auswahl nimmt Entscheidungsdruck weg.

Das sogenannte *Wahlparadoxon*[18] beschreibt genau das: Über siebzig freie Ferienappartements laut Internet am gewünschten Urlaubsort, zwölf verschiedene Schinkensorten im Supermarkt, sechzehn infrage kommende Handytarife – je größer die Auswahl, desto höher der Aufwand und umso komplexer der Entscheidungsprozess; ebenso steigt die Wahrscheinlichkeit von Fehlentscheidungen. Vielfalt fasziniert zwar und zieht an, macht das Leben aber nicht unbedingt einfacher.

Bevor es also allzu kompliziert wird, wählt man einfach die erstbeste Option. Oder fragt seine besten Freunde, worauf sie heute Abend Appetit haben!

2. Blenden Sie bedeutungslose Informationen aus. Manchmal ist es besser, *weniger* statt zu viele irrelevante (und damit irreführende) Informationen zu haben! Denn immer dann, wenn wir Entscheidungen auf Grundlage *eingeschränkter* Informationen treffen müssen, treten die sogenannten *Ankereffekte* auf: Damit bezeichnet man den Umstand, dass wir umso stärker völlig irrelevante Informationen mit berücksichtigen, je weniger wir über eine Sache wissen.

Vorsicht vor Informationen, die kurz vor der Entscheidung als »Entscheidungshilfe« angeboten werden – sie nehmen unbemerkt massiv Einfluss!

Solchen Täuschungen unterliegen wir laufend im Alltag, beispielsweise wenn wir in einer Boutique ein interessantes T-Shirt sehen, das preisreduziert angeboten wird. Beziehen wir den ursprünglichen Preis mit ein, sieht das T-Shirt plötzlich wie ein Schnäppchen aus, auch wenn es noch immer unverschämt teuer ist ... und wird trotzdem gekauft.[19]

3. **Sorge dich nicht, entscheide!** Egal, ob es um ein Wellness-Wochenende in der Therme geht oder um die Frage, ob wir im Begriff sind, den richtigen Partner zu heiraten: Unsere Entscheidungen beruhen auf einer *affektiven Vorhersage, d. h.* einer Prognose über die Zukunft. Wir stellen uns vor, welche Folgen unsere Wahl nach sich ziehen wird, um dann die Option zu wählen, die uns glauben lässt, dass sie uns am glücklichsten machen wird.

Das ist einerseits gut so, gleichzeitig liegen wir damit oft genug daneben, indem wir *regelmäßig* die Auswirkungen unserer Entscheidungen auf unser Leben *überschätzen* – sowohl im positiven als auch im negativen Sinn.

> Wir *überschätzen* regelmäßig unsere zukünftigen
> Emotionen nach getroffenen Entscheidungen.

So macht uns ein Millionengewinn im Preisausschreiben weniger glücklich, als wir glauben, genauso wie sich Schicksalsschläge leichter verkraften lassen als befürchtet. Statt sich also als schlechter Gefühlsprognostiker zu beweisen, ist es besser, nach jemandem Ausschau zu halten, der dieselbe Entscheidung schon einmal getroffen hat, um von seinen Erfahrungen zu profitieren.

4. **Trauern Sie Verlusten nicht nach!** Vielleicht kennen Sie das: Sie essen in einem teuren Restaurant lieber das Dessert auf, obwohl Sie schon lange satt sind, statt sich einzugestehen, dass es eine Fehlentscheidung war, das Dessert überhaupt zu bestellen. Oder: Sie lesen lieber ein Buch zu Ende, das sie

langweilt, nur weil sie lange warten mussten, bis es geliefert wurde? Die Liste ist beliebig erweiterbar … Der Grund für dieses Phänomen liegt darin, dass wir uns umso stärker verpflichtet fühlen, die Folgen einer Entscheidung weiter durchzutragen, je höher der ursprüngliche Aufwand war!

Die Folgen von falschen Entscheidungen
weiter fortzusetzen, obwohl sie schaden,
ist falsch verstandene Konsequenz: Stop it!

Besser ist es, Vergangenes als vergangen zu betrachten und schlechtem Geld nicht noch gutes hinterherzuwerfen – keiner macht gerne Fehler, aber wenn schon, dann rechtzeitig damit aufhören!

Chili-Impulse und Übungen

Besser und sicherer entscheiden lässt sich trainieren und ist Erkennungsmerkmal von Persönlichkeiten mit Ausstrahlung. Gute Entscheidungen treffen macht glücklich!

---

[36] Impuls-Sätze Entscheidungen
Ich entscheide schnell und sicher!
Ich nehme mir die Zeit die ich brauche!
Ich achte auf mein Bauchgefühl!
Ich frage meinen Verstand!

Welcher der angeführten Sätze spricht Sie am meisten an? Schreiben Sie ihn auf und bringen Sie ihn an einer gut sichtbaren, günstigen Stelle an. Lassen Sie ihn für 2 Wochen da.

[37] Sportlich entscheiden
Eine flotte Einsteigerübung, wenn Sie Ihre *Entscheidungsfreude* spielerisch erhöhen wollen – üben Sie gezielt an einfachen Alltagsentscheidungen, bei denen es um nichts geht:

Immer, wenn Sie mit Freunden unterwegs sind, versuchen Sie, der/die Erste zu sein bei Entscheidungssituationen: im Restaurant *als Erster* in der Runde zu wissen, was Sie bestellen; in der Videothek zielsicher nach einer Minute die DVD gewählt zu haben, die Sie sich ausleihen wollen ... Entscheiden macht Spaß und stärkt unsere Autonomie!

[38] 3-Wochen-Training somatische Marker

Das Training, um stärker in Kontakt zu den gespeicherten emotionalen Erfahrungen zu kommen: Bei allen anstehenden Entscheidungen befragen Sie Ihr Erfahrungsgedächtnis, was es von den verschiedenen Varianten hält – Sie benutzen Ihr Gehirn quasi wie eine Suchmaschine im Internet. Lassen Sie Bilder, Eindrücke, Gefühle und Gerüche aufsteigen und registrieren Sie die damit verbundenen Emotionen. Beginnen Sie mit harmlosen Alltagsentscheidungen und steigern Sie langsam die Wichtigkeit der Entscheidungen zur wachsenden Routine im Umgang mit den somatischen Markern.

[39] 3-Wochen-Training Denkpause

Das Training, um stärker in Kontakt zum planenden, vorausschauenden Verstand zu kommen: Immer, wenn sie Ihre (positiven) somatischen Marker zu Entscheidungs-Schnellschüssen verleiten möchten, verordnen Sie sich eine strategische Nachdenkpause – um dem Verstand die Zeit einzuräumen, die er für eine begründete Entscheidung braucht. Mit dem Triggersatz: *O. k., lass uns 5 Minuten nachdenken!*

[40] Nein-Entscheidungen

Wenn Neinsagen Ihr Problem ist, dann setzen Sie sich ein klares Ziel für die kommenden 3 Monate und sammeln Sie Nein-Entscheidungen (z.B. 50-mal explizite Nein-Entscheidungen aussprechen). Sagen Sie *Nein* zu nicht gewünschten Einladungen, Angeboten, Optionen. Ergänzen Sie das laut ausgesprochene Nein mit dem innerlich gedachten Satz: »Ich tue dies in der Absicht, meine Nein-Entscheidungen zu trainieren ...«

GUT ENTSCHEIDEN

[41] Die 21-Tage-*****Entscheidungs-Kur

Da wir dazu neigen, Unangenehmes aufzuschieben, bis wir irgendwann keine Wahl mehr haben (im wahrsten Sinn des Wortes) – treffen Sie 21 Tage lang die Entscheidung, Unangenehmes gleich zu tun (dann ist es noch freiwillig) – Kur-Anleitung siehe Anhang.

ZUSAMMENFASSUNG

1. Bei Entscheidungen wirken zwei unterschiedliche, voneinander unabhängige Systeme mit: **Verstand** und **Gefühl**. Die Einschätzungen einer Situation können sich decken, können aber auch auseinandergehen.

2. **Der Verstand** beurteilt danach, ob eine Sache *vernünftig* oder *unvernünftig* ist. In neuen, unbekannten Situationen sollte man Informationen einholen und sich möglichst an Fakten halten – mit einer anschließend *rationalen* Entscheidung.

3. **Das Gefühl** beurteilt danach, ob eine Sache *angenehm* oder *unangenehm* ist. In komplexen, aber vertrauten Situationen ist die Gefühlsentscheidung schneller und zuverlässiger.

4. **Somatische Marker** sind ein körpereigenes System zur Bewertung von Vorhersagen. Sie haben die Aufgabe einer »Alarmglocke« oder eines »Startsignals«. Sie liefern zusätzliche hilfreiche Informationen – können das Denken aber nicht ersetzen.

5. **Kopf-Entscheider** tun gut daran, **ihr körpereigenes Signalsystem besser wahrzunehmen** und in den Entscheidungsprozess einfließen zu lassen.

6. **Bauch-Entscheider** tun gut daran, eine **Denkpause** einzulegen, bevor sie zur Umsetzung der getroffenen Entscheidung schreiten.

7. Bessere Entscheidungen werden erzielt durch

▶

1. das **Begrenzen der Auswahlmöglichkeiten,**
2. das **Ausblenden bedeutungsloser Informationen,**
3. mehr **Abstand zu seinen eigenen Prognosen.**

8. Die Zufriedenheit in der **Nach-Entscheidungs-Phase** erhöht man, indem man etwaigen Verlusten nicht nachtrauert.
9. Einmal getroffene wichtige Entscheidungen sollte man nicht unnötig in Frage stellen.

Das Finale

Sie sind Kandidat in einer Quiz-Show, haben als Einziger alle Runden heil überstanden. Jetzt stehen Sie in der großen Schlussrunde vor drei verschlossene Toren, müssen sich für eines entscheiden: Hinter einem Tor wartet der Hauptgewinn, ein prachtvolles Auto, hinter den anderen beiden steht jeweils eine meckernde Ziege.
Entschlossen wählen Sie Tor 1. Doch der Showmaster (der genau weiß, wo das Auto steht!), lässt es nicht sofort öffnen, sondern sagt mit verführerischem Lächeln: »Ich zeige Ihnen mal was!«
Er lässt eines der beiden *anderen* Tore öffnen – hinter diesem steht eine Ziege, die erstaunt ins Publikum glotzt! Und dann die unausweichliche Frage des Showmasters: »Bleiben Sie bei Tor Nummer 1, oder wählen Sie doch lieber das andere …?«
Heute gilt als geklärt, welches die günstigere Entscheidung ist: Es ist besser, zu wechseln! Doch das war nicht immer so klar …[20]

Das **ZIEGENPROBLEM** – pahh!
Mit Ziegen hab ich nix am Hut –
die mögen mich nicht …

8 ZIELORIENTIERUNG
Schlaue Ziele müssen schmecken

Willst du die Zukunft voraussagen?
Dann gestalte sie. Setz dir Ziele.

Ziele setzen ist der entscheidende Punkt zwischen *Entscheiden* (siehe →7 *Gut entscheiden*) und *Umsetzen* (siehe →9 *Konsequenz*). Lässt man diesen zentralen Schritt aus, verlieren unsere Vorhaben ganz schnell an Kraft, und viele Projekte sterben, ehe wir überhaupt begonnen haben.

Ziele setzen gehört zu den mächtigsten Tools, über die wir verfügen – und das sollten wir auch nutzen.

IN DIESEM KAPITEL ERFAHREN SIE ...

- alles über die Gütekriterien der klassischen *SMART-Ziele* und das Wesen der neuen *Motto-Ziele;*
- wo man welches Zielformat anwendet und wie sich die beiden ergänzen;
- wie uns *Wenn-dann-Pläne* davor schützen, bei auftauchenden Hindernissen aufzugeben;
- wozu es gut ist, einen *Plan B* zu haben;
- wie Sie Zielorientierung effektiv im Alltag anwenden.

Selbstverständlich *wissen* Sie bereits alles über Ziele. Niemand braucht Ihnen zu erklären, dass man nur erreichen kann, was man vor Augen hat. Dass es viele praktische Gründe gibt, weshalb wir uns Ziele stecken sollten; der vielleicht wichtigste:

Es tut gut, wenn wir Ziele erreichen.

Sie kennen den Unterschied zwischen einer *Vision* (vage, abstrakt, dafür richtungweisend und motivierend) und einem *Ziel* (klar, erreichbar und überprüfbar). Ihnen ist klar, dass Ziele realistisch, konkret und positiv formuliert werden sollten. Und Sie wissen, wie wichtig es ist, Ziele schriftlich festzuhalten (die Erfolgswahrscheinlichkeit, aufgeschriebene Ziele zu erreichen, steigt nachweislich an). Auch wissen Sie, dass umfassende Ziele am besten in kleine, überschaubare Handlungsschritte heruntergebrochen werden sollten.

Ohne Ziel ist jedes Ergebnis richtig.
Oder falsch.

Kann es sein, dass Sie alles über Ziele *wissen* und sich trotzdem keine Ziele *setzen*?

Natürlich setzen Sie sich Ziele. Sie gehören zu dem *kleinen Prozentsatz* der Menschen, der das *tatsächlich tut*. Die nicht darauf warten, dass andere Ihnen sagen, was Sie tun, denken und fühlen sollen; wohin Sie nächsten Urlaub verreisen, was sie konsumieren und welchem Trend Sie folgen sollen. Jeder, der Wert auf ein selbstbestimmtes Leben legt, setzt sich Ziele. Auch *Sie* setzen sich Ihre eigenen Ziele!

Und trotzdem passiert es immer wieder, dass wir unsere Ziele aus den Augen verlieren, umfallen, wenn Schwierigkeiten auftauchen und es dann irgendwann frustriert bleiben lassen – obwohl Sinnhaftigkeit und Motivation (scheinbar?) kein Thema sind. Wie kommt das? Was ist bei der Zielsetzung schiefgelaufen?

Wenn man realisiert, dass zwischen der *Entscheidung* (siehe

→ *7 Gut entscheiden*) und der Umsetzung (siehe → *9 Konsequenz*) der so entscheidende Schritt der Zielformulierung steckt, dann macht es Sinn, noch einmal genau hinzuschauen. In diesem Abschnitt untersuchen wir zunächst die Kriterien von SMART formulierten Zielen, um uns dann neueren Ansätzen zuzuwenden: Motto-Ziele, Wenn-dann-Pläne und Plan-B-Strategien.

Ganz schön smart

SMART-Zielkriterien gibt es schon recht lange. Die Abkürzung steht für:

S	SPEZIFISCH	Das Ziel muss eindeutig definiert sein (nicht vage, sondern so präzise wie möglich).
M	MESSBAR	Das Ziel muss messbar (bzw. überprüfbar) sein.
A	AUSFÜHRBAR oder ANSPRUCHSVOLL	Das Ziel muss von mir akzeptiert sein (auch: angemessen und attraktiv).
R	REALISTISCH	Das Ziel muss möglich sein.
T	TERMINIERT	Das Ziel hat eine klare Terminvorgabe, bis wann es erreicht sein muss.

Aus der Praxis kommt noch dazu, dass man sich Ziele unbedingt aufschreiben sollte, denn:

Durch das Aufschreiben von Zielen kommt *erstmalig* ein virtueller Gedanke in die reale Welt.

Weiter gilt heute als gesichert, dass ehrgeizige und gleichzeitig spezifische Ziele die Leistung erhöhen, wenn es sich um *einfach strukturierte,* ergebnisbezogene Aufgaben handelt:

»Ich telefoniere einmal die Woche mit meiner Mutter«, »Ich lese jeden Tag ein Kapitel Wirtschaftsrecht«, »Ich trinke bis Ende des Monats jeden Tag einen Krug Wasser« – das sind Zielvorgaben in einem Rahmen, in dem von Anfang an klar ist, was zu tun ist.

SMART formulierte Ziele sprechen den *Verstand* an, verweisen auf die *Zukunft* und haben *konkrete Ergebnisse* zum Inhalt.

Ein Beispiel:

Ines hat vor Kurzem ihre Ausbildung zur Kunsttherapeutin abgeschlossen. Ihr großer Traum, als Kunsttherapeutin in freier Praxis zu arbeiten, nimmt immer konkretere Formen an. Aber wie zu den ersten Klienten kommen? Eine Kollegin rät ihr, Kontakt mit den Ärzten in ihrer Umgebung aufzunehmen. Ines recherchiert und legt eine Liste mit zwanzig Ärzten in ihrer Stadt an. Dann setzt sie sich ein SMART-Ziel: In den kommenden 4 Wochen will sie jeweils 5 Ärzte pro Woche kontaktieren und sich dort für eine Zusammenarbeit vorstellen …

Entscheidend ist, dass eine hohe Identifikation mit dem Ziel gegeben sein muss, erst dann ist auch die Wahrscheinlichkeit hoch, dass das Ziel erreicht wird.

An seine Grenzen stößt hingegen dieser Zieltypus, wenn wir uns

(a) in einem komplexen, dynamischen Umfeld befinden, in dem nicht von vornherein klar ist, wie zielspezifisch »richtiges« Handeln auszusehen hat, oder

(b) wenn es nur so von Ablenkungen wimmelt und damit die Gefahr groß ist, dass unser sorgfältig formuliertes Ziel »untergeht«, oder

(c) wenn die Motivation, das Ziel *wirklich* zu verfolgen, fraglich ist … (und das ist ziemlich oft der Fall!).

Genau für diese Situationen wurde ein neuer Zieltyp entwickelt …

Motto-Ziele

Sie sind die Entdeckung der letzten Jahre und gehen u.a. zurück auf Maja Storch[21] vom ISMZ (Institut für Selbstmanagement und Motivation Zürich). Sie stellen eine Alternative bzw. Ergänzung zu den SMART-Zielen dar, die bisher die einzige Methode waren, wenn wir spezifische Ziele formulieren wollten. Was ist nun das Wesen von Motto-Zielen, in welchem Format werden sie geschrieben?

Motto-Ziele sind im Präsens formuliert, in einer bildhaften Sprache abgefasst und lösen, wenn richtig formuliert, ausschließlich starke, positive Affekte aus!

> Motto-Ziele sprechen die gefühlsmäßige Ebene
> (das Unterbewusstsein) an, sind in der Gegenwart
> verankert und haben Bilder mit positiven
> Gefühlen zum Inhalt.

Vergleichen wir das mit den schon früher beschriebenen SMART formulierten Zielen, ergeben sich folgende Unterschiede:

SMART-Ziele		Motto-Ziele
Verstand	← sprechen an →	Emotion
Zukunft	← Zeitfokus →	Gegenwart
konkrete Ergebnisse	← Inhalt →	Bilder mit positiven Emotionen

Immer dann, wenn wir mit SMART formulierten Zielen nicht weiterkommen, helfen uns also Motto-Ziele weiter. Wie am Beispiel von Ines:

Bei ihren Vorstellungsterminen bei den Ärztinnen und Ärzten stellt Ines fest, dass die Gespräche mal gut, mal weniger gut laufen. Generell wünscht sie sich mehr *Souveränität*, *Lockerheit* und eine gehobene Portion *Selbstvertrauen* in den Gesprächen – ohne arrogant zu wirken!

SMART-Ziele helfen ihr da nicht weiter – sie spürt, dass sie etwas braucht, das ihre *Haltung* in den Gesprächen gezielt in die richtige Richtung lenkt … ein Motto-Ziel muss her!

Und da sie weiß, wie man sich Motto-Ziele erstellt, legt sie am nächsten freien Nachmittag auch schon los …

Motto-Ziele – selbst gebaut

Ausgangspunkt für ein Motto-Ziel ist immer ein reales *Bild*, das beim »Bauch« gut ankommt und gleichzeitig positive Gefühle auslöst: Das kann eine Postkarte sein, oder Sie surfen durch die unendlichen Weiten des Internets, wo Sie sicher fündig werden. Während Ihrer Suche lassen Sie sich am besten von folgenden drei Fragen begleiten:

- Welches *Tier* hat die Eigenschaften, die für meine Zielerreichung wichtig sind?
- Welche *Pflanze* hat vielleicht die Eigenschaften, die mich unterstützen könnten?
- Welche *Person* (berühmt, beliebt, aber auch aus dem eigenen Umfeld) hat die Eigenschaften, die ich brauche …?

Diese Leitfragen inspirieren zusätzlich, um ein ansprechendes Bild zu finden. Das Bild ist wichtig für das Gefühls-Hirn, da es Bilder einfach besser versteht als trockene, nüchterne Anweisungen. Sollte Ihnen nichts einfallen, dann fragen Sie einfach Ihre besten Freunde – fragen Sie und schreiben Sie alles auf, was denen einfällt. Haben Sie erst einmal einen vollen »Ideenkorb«, dann lassen Sie das Bauchgefühl (nicht den Verstand!) die Auswahl treffen …

Im nächsten Schritt bauen Sie sich aus dem stimmigsten Bild und den besten Ideen so etwas wie eine *Collage*, überschrieben mit einem pfiffigen, coolen Spruch – der damit zu Ihrem *Motto* wird, ähnlich einem Slogan in der Werbebranche:

Ich vertraue auf meine Stärken und zeige, was ich kann!
Ich bin die freundlichste Kundenberaterin im ganzen Shop!
Ich gehe mutig wie eine Löwin durch die Firma!
Ich nutze die Arbeitszeit optimal, komme früher nach Hause und habe mehr Zeit für mich!

Ines beginnt mit einem passenden Tier. Spontan fällt ihr ihr Lieblingstier ein: Das Zebra! Ein verspielt-lockeres Wesen, aber auch wendig und aufgeweckt. Als »Motto« formuliert sie: *Ich bin souverän, charmant und aufgeweckt und gewinne spielerisch die Sympathie meines Gegenübers* – genau wie es ein Zebra in der Steppe macht!

Damit das Motto-Ziel im Alltag seine volle Wirksamkeit entfalten kann, sollte es – zumindest anfangs – möglichst oft erinnert werden. Das erreicht man mit vielen, geschickt platzierten *Erinnerungshilfen:* Das kann der passende Bildschirmschoner oder Desktophintergrund sein. Passwörter lassen sich kreativ umformulieren, Handyklingelton und Schlüsselanhänger werden passend ausgesucht. An strategisch interessante Punkte kommen kleine, dezente Hinweise, die immer wieder an das formulierte Motto-Ziel erinnern.

Erinnerungshilfen, die möglichst oft an das Motto-Ziel erinnern, bauen einen Ressourcenpool auf.

Die Anwendung von Erinnerungshilfen basiert auf Erkenntnissen der Neuropsychologie: Aus diesem Verständnis heraus sieht man das Motto-Ziel als ein neu zu bahnendes neuronales Netz, das durch die häufige Nutzung zunehmend verfestigt werden soll, bis es im Unterbewussten verankert ist und nicht mehr aktiv aufgerufen werden muss.

Um sich im Alltag möglichst oft und leicht an ihr Motto-Ziel zu erinnern, schafft sich Ines eine Reihe von Erinnerungshilfen an: Ihr Handy bekommt eine Hülle mit Zebramuster, der Bildschirmschoner ihres Notebooks ein Zebrabild. Auf dem Schreibtisch platziert sie die kleine Zebrafigur, die sie von ihren Freundinnen zum Geburtstag bekommen hat: Fröhlich strahlt das kleine Ding sie an, wenn sie telefonisch Termine ausmacht. Und zum nächsten Gespräch trägt sie ein Halstuch mit Zebramuster ...

Für viele von uns genügt es schon, sich ein gutes Motto zu bauen – ähnlich einer Autobahn, die uns (breit genug) in der Richtung hält, in die wir unterwegs sein wollen, uns aber gleichzeitig auch genügend Spielraum lässt für individuelle Manöver in konkreten Situationen. Und dadurch wird es viel einfacher, die gewünschten Handlungen in die Tat umzusetzen.

Für manche von uns genügt das jedoch noch nicht. Das liegt dann nicht an mangelnder Selbstdisziplin oder am inneren Schweinehund – sondern schlicht und ergreifend am ganz normalen Alltag. Der hat nämlich jede Menge *Ablenkungen* parat, die uns immer wieder auf eine falsche Spur bringen (und uns einladen, unsere Autobahn zu verlassen ...).

Aber auch dafür gibt es bereits etwas – die sogenannten *Wenn-dann-Pläne.*

Auf Zielkurs bleiben: Wenn-dann-Pläne

Die *Wenn-dann-Pläne* stammen vom Psychologieprofessor Peter Gollwitzer von der Universität Konstanz bzw. New York.

Sie sind eine geniale Erfindung, ganz leicht anzuwenden und funktionieren absolut zuverlässig.[22] Einzige Voraussetzung (ähnlich wie bei den SMART-Zielen): Wir müssen ausreichend selbstmotiviert sein, das gesteckte Ziel zu erreichen, und uns innerlich verpflichtet fühlen, dafür auch etwas zu tun!

> Wenn-dann-Pläne funktionieren dann,
> wenn intrinsische Motivation und
> Zielverpflichtung (Commitment) gegeben sind.

Wenn-dann-Pläne sind Motto-Zielen untergeordnet und basieren auf dem Format:

> Wenn Situation X eintritt,
> dann reagiere ich mit Verhalten Y.

Angenommen, Sie haben für sich das (Motto-)Ziel »*Ich achte auf eine wohltuende Ordnung in meinem Leben wie ein Sammler in seiner Bibliothek*« formuliert. In der Praxis fällt Ihnen auf, dass die breite Ausrichtung mit dem Motto-Ziel recht gut klappt, bis zu dem Augenblick, wo Ablenkungen dazwischenfunken. So suchen Sie öfter Ihren Schlüsselbund (weil er irgendwo hingelegt wird …). Um dem abzuhelfen, formulieren Sie einen passenden Wenn-dann-Plan: »*Wenn* ich nach Hause komme, *dann* lege ich Autoschlüssel und Geldbörse immer auf die Spiegelkommode.« Sie wollen ja, dass das immer funktioniert, auch dann, wenn z. B. gerade Ihr Handy läutet, die Katze um Ihre Beine streicht und um Streicheleinheiten bettelt oder etwas Interessantes in der Post Ihre Aufmerksamkeit auf sich zieht …

> Das Ziel von Wenn-dann-Plänen ist, das gewünschte
> Zielverhalten *automatisch, ohne große Anstrengung*
> und *ablenkungsresistent* verfügbar zu haben.

Wir entwickeln hier also eine Strategie, in der wir ein passendes, gewünschtes Zielverhalten und eine *günstige Gelegenheit* bzw. *kritische Situation* miteinander verknüpfen.

> Wenn-dann-Pläne verknüpfen ein gewünschtes
> Zielverhalten mit einer günstigen oder kritischen Situation.

Die günstige (oder auch kritische) Situation kann dabei ein bestimmter *Ort*, ein bestimmter *Gegenstand* oder *Zeitpunkt* bzw. *Umstand* sein. Aber auch eine bestimmte *Person* oder ein *innerer kritischer Zustand* (»Immer wenn ich mich ärgere ...«) können als Auslöser herhalten: Jede Situation kann zum Treiber werden, um Vorsätze in die Tat umzusetzen! Hier ein paar Beispiele:

Wenn ich beim Joggen auf frei laufende Hunde treffe, *dann* bleibe ich ruhig und ignoriere sie (Motto-Ziel: Ich reagiere konfliktfrei-entspannt auf meine Umgebung – wie ein kleiner Buddha).

Wenn meine Mutter auf ihre Krankengeschichte zu sprechen kommt, *dann* höre ich ihr zu und stelle zwei verständnisvolle Fragen (Motto-Ziel: Ich gestalte meine Beziehungen liebevoll wie ein Gärtner seinen Garten).

Wenn ich vormittags Hunger verspüre, *dann* gehe ich in die Küche und hole mir ein Glas Wasser (Motto-Ziel: Ich versorge mich mit dem Besten und achte gut auf mich).

Das Großartige an Wenn-dann-Plänen ist, dass sie, einmal formuliert und mit entsprechender Absicht ausgestattet, *sofort, effizient und ohne bewusstes Wollen* in die Tat umgesetzt werden können! Im Fachjargon nennen wir das eine Ad-hoc-Gewohnheitsbildung – d. h., dass es nur *einen* bewussten Willensakt braucht, um eine gewohnheitsmäßige Handlung in Gang zu setzen. Und das erspart gerade in schwierigen Situationen viel aufwendige Nachdenk- und Entscheidungsarbeit (was gerade in diesen Situationen sowieso nicht funktioniert)!

Wenn-dann-Pläne funktionieren auch in Stress-situationen, wenn Ablenkungen drohen oder bei unangenehmen Themen, wenn Überwindung gefordert ist.

Ein weiterer Pluspunkt von Wenn-dann-Plänen ist, dass sie jederzeit neu formuliert oder geändert werden können.

Wie geht man nun in der Praxis vor? Nun, die Vorgehensweise für diese Minipläne für Akutsituationen ist immer die gleiche:

1. Ausgangspunkt ist ein übergeordnetes Motto-Ziel.
2. Identifizieren des problematischen Verhaltens. Darauf aufbauend überlegt man sich, wie man auf die kritischen/günstigen Auslöser optimal reagieren möchte.
3. Formulieren eines Wenn-dann-Plans nach dem Format: »Wenn X eintritt, dann reagiere ich mit Y.«
4. Um den Wenn-dann-Plan zu verankern, spricht man ihn entweder einmal laut und bewusst aus oder sagt ihn sich dreimal still vor.

Wenn Sie nur *einen einzigen* Wenn-dann-Plan pro Monat installieren, macht das in einem Jahr immerhin *zwölf neue Gelegenheiten,* mit denen Sie Ihr Gehirn an die neue Zielrichtung gewöhnen. In der Zwischenzeit hat Ihr Gehirn vier Wochen Zeit, den jeweils neuen Plan zu automatisieren. Es gibt nichts Gutes, außer man tut es …

Advocatus Diaboli: Plan B

Ein *Plan B* ist eine wunderbare Sache, um die Enttäuschung zu mildern, wenn der Fall eintritt, dass wir ein ehrgeiziges Ziel wider Erwarten doch nicht erreichen: Statt in Resignation und Frustration abzugleiten, haben wir sofort einen »Ersatzplan«, wie es nach dem Nichterreichen von Plan A weitergeht. Ein Plan B vermittelt also das gute Gefühl der potenziellen Sicherheit, auf alles vorbereitet zu sein – und wir kommen damit wieder schneller in die Handlungsfähigkeit.

> Peter, ein guter Bekannter, berichtet freudestrahlend von seinem jüngsten beruflichen Projekt. Er hat die große Chance, einen Jugendtraum zu verwirklichen: Ein kleines Lebensmittelgeschäft in dem Ort, in dem er wohnt, aufzumachen und zu führen. Für den seit mehr als fünfzehn Jahren erfolgreich arbeitenden selbstständigen Programmierer eine große Herausforderung.

Peter ist Realist. Er weiß um die Risiken, die der berufliche Wechsel mit sich bringt; trotzdem, beeindruckend sind die Leidenschaft, die er für seine Idee aufbringt, sowie seine kompromisslose Ziel-orientierung.

Er möchte meine Meinung hören, eine weitere Außenperspektive. Ich frage ihn nach Plan B, falls wider Erwarten doch nichts aus dem Geschäft wird – dazu fällt ihm nicht viel ein. »Überleg dir die zweitbeste Möglichkeit, dich beruflich zu verändern, falls aus deinem Projekt – aus welchen Gründen auch immer – nichts wird. Entwirf Plan B, damit du ruhig und mit voller Kraft weitermachen kannst …!«

Ein Plan B unterstützt flankierend unsere Zielorientierung für das eigentliche Projekt, indem er die Folgen bei möglichem Scheitern mildert.

Es gibt noch einen weiteren wichtigen Grund, sich einen Plan B zurechtzulegen: Durch das Nachdenken über Alternativen findet man leichter aus seinen vertrauten Denkabläufen und kommt so auf weitere, kreative Ausweichoptionen. Da kann es dann schon einmal vorkommen, dass Plan B zum neuen Plan A wird, weil man so eine noch bessere Lösung gefunden hat.

Aus diesem Blickwinkel heraus sollte Plan B nicht nur eine (einfache, minimale) Variante zu Plan A darstellen. Wenn Sie schon über Alternativen nachdenken, dann wirklich großzügig! Nutzen Sie die Chance, einmal wirklich anders zu denken als üblich und entwickeln Sie ganz neue Ideen! Ob Sie die dann letztendlich wirklich brauchen, ist sekundär …

Plan B kann eine einfache Variante von A sein oder eine *echte* Alternative.

Hier wieder einige Beispiele:

Ich arbeite darauf hin, dass kommenden Sommer meine erste eigene CD herauskommt – sollte es nicht klappen, erfülle ich mir einen Traum und besteige im Herbst den Kilimandscharo (Plan B).

Bis zum Jahresende habe ich einen neuen Job – wenn nicht, gönne ich mir ein halbes Jahr Auszeit, gehe nach Barcelona und lerne Spanisch (Plan B).

Heute Nachmittag spreche ich die sympathische Frau am Pool an, die mir gestern schon aufgefallen ist – wenn Sie nicht da ist, gehe ich an den Strand zum Wasserskifahren. Das wollte ich schon immer ausprobieren … (Plan B).

Chili-Impulse und Übungen

Wir haben schon früher festgestellt: Es gibt nichts Gutes, außer man tut es. Das gilt in besonderem Maße auch für das Setzen von Zielen. Entwickeln Sie Ihre Zielorientierung, um diese Schlüsselqualität voll nutzen zu können!

[42] Impuls-Sätze Zielorientierung
Ich setze mir Ziele!
Ich ziele auf Erfolg!
Andere haben Wünsche, ich habe Ziele!

Welcher der angeführten Sätze spricht Sie am meisten an? Schreiben Sie ihn auf und bringen Sie ihn an einer gut sichtbaren, günstigen Stelle an. Lassen Sie ihn für 2 Wochen da.

[43] Mit SMART-Zielen arbeiten
Setzen Sie sich für die kommende Arbeitswoche ein sauber formuliertes SMART-Ziel. Sie wissen, worauf es ankommt – fangen Sie an!

[44] Motto-Ziele bauen
Fangen Sie mit einem superkleinen, überschaubaren Thema an, anhand dessen Sie die Wirksamkeit eines Motto-Ziels praktisch erproben: 1. Bild finden, 2. Spruch kreieren, 3. Erinnerungshilfen in den Alltag einbauen …

[45] Wenn-dann-Pläne erproben

Glauben Sie nichts, was Sie nicht selbst probiert haben: Nehmen Sie die nächstbesten zwei Verhaltensweisen, die störend im Alltag auffallen und die Sie gerne durch besseres Verhalten ersetzen möchten. Formulieren Sie dazu je einen passenden Wenn-dann-Plan. Und dann lassen Sie sich überraschen, wie gut es funktioniert!

[46] Plan B

Entwickeln Sie zwei Wochen lang spielerisch zu den kleinen Vorhaben des Alltags jeweils Plan-B-Alternativen. Verfolgen Sie ruhig Ihre ursprünglichen Pläne – und parallel dazu trainieren Sie Ihre innere Veränderungsbereitschaft mit Plan-B-Alternativen (siehe auch ⋯→ *1 Flexibilität*).

ZUSAMMENFASSUNG

1. Ziele gehören zu den **mächtigsten Instrumenten**, über die wir Menschen verfügen.
2. Ziele bringen Verhaltensweisen in Gang, **Konsequenz** hält sie aufrecht.
3. **Schriftlich** festgehaltene Ziele haben eine höhere Erfolgswahrscheinlichkeit.
4. Ziele können nach dem **SMART-Prinzip** oder als **Motto-Ziele** (Haltungsziele) formuliert werden. Beide Strategien ergänzen sich in ihrer Wirkungsweise:
5. **SMART-Ziele** sind wirksam für einfach strukturierte, ergebnisbezogene Aufgaben. Motivation muss gegeben sein, es dürfen keine Zielkonflikte bestehen. Sie sprechen den Verstand (Kopf) an und zielen auf konkrete Ergebnisse in der Zukunft.
6. **Motto-Ziele** sind wirksam bei komplexen Vorhaben, um in einem Zielkorridor über längere Zeit »in der Spur« zu bleiben. Sie sprechen die gefühlsmäßige Ebene (das Un-

terbewusste) an, sind in der Gegenwart verankert und haben Bilder mit stark positiven Gefühlen zum Inhalt.

7. Motto-Ziele entfalten dann ihre volle Kraft, wenn sie möglichst geschickt mit vielen, unterschiedlichsten **Erinnerungshilfen** im Alltag verknüpft werden.

8. **Wenn-dann-Pläne** helfen bei Ablenkungen und Schwierigkeiten, im Zielkorridor zu bleiben. Sie dienen dem sicheren Auslösen von erwünschtem Verhalten durch kritische oder günstige Situationen.

9. **Plan-B-Strategien** geben zum einen das Gefühl, auf alles gut vorbereitet zu sein, zum anderen öffnen sie kreative Freiräume für echte Alternativen zum ursprünglichen Vorhaben.

Die Straße

In der Nähe von Chiang Mai, einer alten Königsstadt im Norden Thailands, steht auf einem etwa 1200 m hohen Berg ein Tempel aus dem 14. Jahrhundert (Wat Phra That).

Bis 1934 führte lediglich ein steiler und enger Weg auf diesen Berg, und man brauchte für den Aufstieg mindestens fünf Stunden. Eines Tages verkündete der Mönch Kruba Srivichai, ein hoch angesehener und respektierter alter Mann, er werde eine Straße auf den Berg bauen, und diese Straße werde in 172 Tagen fertiggestellt sein! Natürlich war das völlig unmöglich …

Wie konnte irgendjemand, und noch dazu ein alter Mann ohne Maschinen, Werkzeuge und Geld, sich einbilden, eine Straße durch den Wald und den Fels zu bahnen, und das noch in weniger als einem halben Jahr? Aber ohne Rücksicht darauf, dass die Leute sein Projekt für undurchführbar erklärten, begann er am 9. November 1934 mit der Arbeit am Fuß des Berges. Seine außergewöhnliche Zuversicht brachte zwanzig Personen dazu, ihm mit ihren einfachen landwirtschaftlichen Geräten bei der Arbeit zu helfen.

Am Ende des Tages hatten sie nicht viel geschafft, und die Situation schien hoffnungslos. Aber Kruba ließ nicht zu, dass seine Gefolgsleute verzweifelten. Sein unerschütterliches Vertrauen sorgte dafür, dass sie voller Enthusiasmus weiterarbeiteten. Als diese merkwürdige Geschichte sich verbreitete, passierte etwas Bemerkenswertes: Es kamen Leute.

Sie kamen aus Chiang Mai und den umgebenden Dörfern, ja auch aus weit entfernten Gegenden. Zwischen 3.000 und 4.000 Menschen kamen jeden Tag an, um Kruba zu helfen. Diejenigen, die nicht mitarbeiten konnten, bereiteten Essen und Trinken. Schließlich musste Kruba die Arbeit rationieren. Jedes Dorf durfte nur noch fünf Meter Straße bauen, damit jedes zum Bau beitragen konnte.

Ganz so, wie er vorausgesagt hatte, wurde die Straße in 172 Tagen fertiggestellt – von Freiwilligen, die ihre bloßen Hände und einfache landwirtschaftliche Gerätschaften nutzten. Sie ist 12 Kilometer lang und musste kürzlich erweitert werden, damit sie von Bussen benutzt werden kann.[23]

Was dir keiner sagen wird:
Der MÖNCH hat sicher jeden Tag
eine von uns verzehrt …

9 KONSEQUENZ
Treibstoff für bessere Gewohnheiten

Wer etwas will, findet Wege.
Wer etwas nicht will, findet Gründe.

Konsequenz ist sowohl Motor als auch Treibstoff für persönliche Weiterentwicklung und Veränderung. Gemeinsam mit *Entscheiden* (siehe → *7 Gut entscheiden*) und *Ziele setzen* (siehe → *8 Zielorientierung*) ist Konsequenz eine Schlüsselqualität, die letztendlich darüber entscheidet, ob unsere Vorhaben Erfolg haben:

Es braucht Geduld, Beständigkeit und Konsequenz, um sich selbst so im Fahrwasser des eigenen Lebens zu halten, dass man auch bei widrigen Umständen seiner Spur treu bleibt. Das ist manchmal eine Kunst – aber durchaus machbar.

IN DIESEM KAPITEL ERFAHREN SIE ...

- wie Sie mit der Schlüsselqualität Konsequenz schlechte Gewohnheiten ablegen und neue, bessere aufbauen;
- worauf es ankommt, um Vorhaben sicher zu beginnen, durchzuhalten und wieder abzuschließen;
- welche Rolle dabei die Zahlen 21, 72 und 10.000 spielen;
- was es heißt, den Rubikon zu überschreiten;
- wie Sie Ihre Konsequenz im Alltag praktisch trainieren.

Es ist knapp nach vier Uhr morgens, soeben hat der Wecker mich unsanft, aber bestimmt aus dem Schlaf geholt ... Oh Gott! Trotzdem bin ich in wenigen Minuten angezogen, alles liegt ja schon griffbereit neben dem Bett. Unten bei der Eingangstür am gewohnten Platz Autoschlüssel, Reisepass und Flugticket. Das Gepäck ist schon seit gestern im Kofferraum. Wenige Minuten später bin ich schon auf dem Weg zum Flughafen ...

Jetzt profitiere ich von den *Gewohnheiten,* die ich vor langer Zeit einmal aufgebaut habe: Jeder Gegenstand hat seinen festen Platz und ist daher schnell griffbereit. Und wenn ich verreise, fange ich frühzeitig zu packen an, um mit möglichst wenig Hektik loszukommen ...

In diesem Abschnitt geht es um *Gewohnheiten* – da sie einen unglaublich *stark wirkenden Einfluss* auf unser Leben haben, kommen wir nicht umhin, uns mit ihnen auseinanderzusetzen: Sie laufen als unbewusste Routinen ab und sind für einen hohen Prozentsatz unserer täglichen Verhaltensweisen und Resultate verantwortlich.

Schlechte Gewohnheiten abzulegen und neue, bessere Gewohnheiten aufzubauen ist ein zentraler Schlüssel zur Weiterentwicklung der Persönlichkeit. Dazu braucht es Konsequenz.

Von der Radarfalle lernen

Wenn wir ein Strafmandat erhalten, weil wir zu schnell gefahren sind, werden wir das nächste Mal besser aufpassen und rechtzeitig vor der Radarfalle herunterbremsen. Unser Gehirn verändert sich und ein Lernprozess findet statt, um einer weiteren Bestrafung zu entgehen.

Beim nächsten Mal habe ich bereits an der betreffenden Stelle einen neuen Erfahrungsstand und kann mich entscheiden, was die momentan beste Möglichkeit für mich darstellt.

> Jeder Mensch trifft jeden Moment die
> für ihn beste Entscheidung.

Demnach sind wir *umso freier* in unseren *Entscheidungen*, je mehr Wissen, Erfahrungen und Erkenntnisse wir haben. Es ist wie beim Griff in den Kühlschrank: Wir können nur herausholen, was bereits drinnen ist!

Ähnlich können wir bei Entscheidungen nur auf das zurückgreifen, was in unserem Kopf ist – der Zustand unseres Gehirns bestimmt, wie wir uns verhalten:

> Unser momentaner Gehirnzustand bestimmt,
> was wir kurzfristig als Nächstes tun.[24]

Glücklicherweise können wir unseren Gehirnzustand durch äußere (und innere) Einflüsse wie Erziehung, neue Erfahrungen, eigenes Nachdenken, Therapie, Übung und Disziplin ändern und erweitern.

> Wir sind kurzfristig determiniert,
> aber langfristig veränderbar – im Rahmen
> unserer natürlichen Möglichkeiten.

Und wenn mehr Möglichkeiten mehr Freiheit bedeuten, liegt es an mir, was ich erweitere und in mir anlege. Diese Möglichkeiten kann ich mir *selbst* erschaffen – indem ich neue, bessere Gewohnheiten ausbilde …

> Zuerst bilden wir Gewohnheiten aus,
> dann steuern diese Gewohnheiten uns.

Sackgassen-Probleme

Wahrscheinlich kennen Sie das: Sie wissen genau, was Sie wollen, was für Sie gut wäre, was zu tun ist – aber Sie machen es einfach nicht! Das geht vielen so.

Wir Menschen haben Probleme, dort hinzukommen, wo wir hinwollen, weil wir entweder

a) gar nicht anfangen (der *Start* ist das Problem),
b) nicht lang genug dranbleiben (das *Durchhalten* ist das Problem) oder
c) etwas nicht fertig machen (der *Abschluss* ist das Problem)

Der erste Schritt besteht nun darin, herauszufinden, wo Sie üblicherweise Ihre Schwachstelle haben: Dort haben Sie Ihre Lektion zu lernen.[25]

Beginnen wir mit den Strategien, wenn der *Start* Ihr Problem ist:

Rubikon – Point of no Return

Die Differenz zwischen gefühltem Wunsch und erstem Schritt einer zielführenden Handlung in die richtige Richtung muss bei vielen von uns so groß werden, dass die dabei entstehende Spannung nicht mehr auszuhalten ist (offensichtlich geht der Mensch Veränderung nur dann an, wenn der Schmerz groß genug ist). Anstatt nun zu warten, dass der Druck *von außen* groß genug wird, kann man sich selbst in diese Situation bringen. Dabei hilft das Rubikon-Prinzip:

> Der Rubikon (auch Rubicon oder Rubico) ist ein kleiner italienischer Fluss, der südlich von Ravenna in die Adria mündet.
> Bekannt wurde der Rubikon durch den römischen Bürgerkrieg, den Julius Caesar ab 49 v. Chr. gegen Gnaeus Pompeius Magnus führ-

te. Am 11. Januar überschritt Caesar den Rubikon, der damals die Grenze zwischen der Provinz Gallia Cisalpina und Italien bildete. Die bewaffnete Überquerung des Flusses in Richtung Süden war gleichbedeutend mit einer Kriegserklärung an den römischen Senat. Caesar war sich bewusst, dass es ab diesem Punkt kein Zurück mehr gab, was er in dem berühmten Zitat »alea iacta est« (»Die Würfel sind gefallen«) zum Ausdruck brachte.

Noch heute steht der Ausdruck *den Rubikon überschreiten* dafür, sich unwiderruflich auf eine folgenschwere Handlung einzulassen. Dieses Prinzip können wir nutzen, indem wir uns selbst überlisten, indem wir einen ersten *irreversiblen* Schritt setzen: Wir stoßen uns selbst vom Rand der vertrauten Komfortzone ab!

Machen Sie einen ersten entscheidenden Schritt – etwas, was Ihnen einen Rückzieher unmöglich macht.

Durch bewusstes Überschreiten des Rubikon schaffen Sie Fakten, wie beispielsweise hier:

Sie scheuen sich, neue Menschen kennenzulernen? *Überschreiten Sie den Rubikon* und melden Sie sich zum Tanzkurs an – jetzt.

Sie wollen mehr Verantwortung in der Firma übernehmen? *Überschreiten Sie den Rubikon* und sprechen Sie mit Ihrem Vorgesetzten. Machen Sie dafür einen Termin aus – sofort.

Sie wollen endlich mit Ihren Bildern an die Öffentlichkeit? *Überschreiten Sie den Rubikon* und verschicken Sie Einladungen für Ihre erste Vernissage – noch heute.

Willkommen im Club der Rubikoner!

Die 72 – jetzt oder nie

Neben dem Rubikon-Prinzip gibt es noch einen zweiten wichtigen Punkt, den Sie kennen sollten, wenn Startschwierigkeiten Ihr Problem sind: die 72-Stunden-Regel. Auf den Punkt gebracht besagt sie:

Alles, was innerhalb von 72 Stunden nach
getroffenem Entschluss begonnen wird,
hat eine mehr als 90-prozentige Aussicht auf Erfolg.

Beziehungsweise umgekehrt: Alles, was Sie nicht innerhalb von 3 Tagen (72 Stunden) nach getroffener Entscheidung starten, hat ganz schlechte Chancen, überhaupt begonnen zu werden (und damit erfolgreich zu enden) – die Wahrscheinlichkeit dafür sinkt drastisch! Das heißt, Sie müssen, wenn einmal der Entschluss gefallen ist, sofort beginnen[26] – und wenn es nur ein erster, symbolischer Schritt ist!

Wieso ist das so? Man kann es sich so vorstellen: Sie treffen eine Entscheidung, setzen sich ein Ziel und Ihr Unterbewusstsein registriert: »Oh, es passiert was. Wann geht es los?«, … und wartet.

Es vergehen Stunden. Ein Tag, ein zweiter, dann ein dritter. Schließlich der Moment, an dem Ihre internen Prozesse entscheiden: »Das wird wohl wieder nichts, Fehlalarm! Energie zurückfahren …« Nun gibt es von dieser Seite keine Unterstützung mehr und der innere Schweinehund kann triumphieren: »Hahaha, wieder gewonnen!«

Alles klar?

Die 21 – Durchhalten oder bleiben lassen

Auch das dürfte nicht unbekannt sein: Sie haben ein Projekt gestartet und schon nach kurzer Zeit, ein paar Tagen, stellen sich erste ernsthafte Zweifel ein. Es dürfte fast ein psychologisches Grundgesetz sein: Der Weg zur Meisterschaft ist gepflastert mit Zweifeln, Rückschlägen, Enttäuschungen …

Diese Zweifel und Unsicherheiten lösen sich, wenn ein neues Verhalten über einen Zeitraum von 21 Tagen durchgehalten wird (und das ist ganz schön lang!), d. h., drei Wochen sind der entscheidende Zeitraum:

> Erst das, was 21 Tage lang ununterbrochen getan wird, hat die Chance, zur stabilen Gewohnheit zu werden.[27]

In den ersten Tagen wirken neue Verhaltensweisen kompliziert und ungewohnt, danach aber stellt sich langsam ein Gefühl *in Richtung Routine* ein: Es wird langsam, aber spürbar einfacher! Wichtig ist, dass Sie nicht vor dem zweiundzwanzigsten Tag aufgeben.

Genauso wenig, wie wir erwarten, dass ein Kind, das eben erst gehen lernt, in drei, vier Tagen einen Marathon läuft, legen wir diesen Maßstab bei unseren Entwicklungsprojekten an:

Alles, was dauerhaft seine positive Wirkung entfalten soll, muss solide (ein)geübt werden – und dazu haben wir für unser Leben eine besondere Qualität mitbekommen: Konsequenz.

Schlüsselqualität Konsequenz

Der Begriff *Konsequenz* (von lateinisch *consequi* – folgen, erreichen) hat im Deutschen oft die negative Nebenbedeutung von unangenehmer Strenge und übertriebener Genauigkeit. Wertneutral bedeutet es jedoch, mit logischer Entschlossenheit einen einmal für richtig befundenen Weg auch zu beschreiten. Wir wollen Konsequenz ab jetzt in dieser Bedeutung verwenden:

> Konsequenz – Beharrlichkeit, Zielstrebigkeit, Ausdauer!

Konsequent sein heißt, an einer Sache, für die man sich entschieden hat, dranzubleiben. Und Dranbleiben heißt letztendlich immer Üben!

Fast alle Fähigkeiten und Fertigkeiten, über die wir heute verfügen, haben wir uns durch eine Vielzahl an Wiederholungen angeeignet. Betrachten wir Kinder, kann man das ganz leicht beobachten: Fast alle Kleinen wenden von sich aus das Prinzip der beständigen Wiederholung an. Mit dieser Methode lernen sie laufen, ihre Muttersprache und alle anderen Fähigkeiten. Dabei müssen sie sich weder überwinden noch benötigen sie ein Übermaß an Selbstdisziplin, um beispielsweise ihren Wortschatz zu erweitern oder sicherer laufen zu lernen.

Indem Sie sich langsam vortasten und immer mehr Erfahrungen außerhalb Ihrer Komfortzone (siehe → *2 Mut*) machen, weiten sich Ihre Möglichkeiten. Um allerdings dauerhaft Komfort bei einer neuen Sache zu erfahren, müssen Sie etwas öfter tun, als nur einmal auszuprobieren:

Wenn Sie etwas gut können wollen,
üben Sie so lange, bis Sie es können.

Das hat viel mit unserem Unterbewusstsein zu tun. Es hat die Aufgabe, möglichst viele Prozesse zu regeln, die automatisch im Hintergrund ablaufen können, sodass unsere Aufmerksamkeit frei ist für das, was aktuell um uns herum passiert. Und damit es zu einer soliden Gewohnheitsbildung kommt, braucht es Wiederholungen.

Mittlerweile gibt es klare Belege, die den dominierenden Einfluss von Fleiß (d. h. jahrelangen Übens) auf Spitzenleistungen erhärten und damit dem jahrelangen Expertendisput »Talent oder Fleiß?« eine neue Richtung geben. Damit kommt auch schon die 10.000-Stunden-Regel ins Spiel. Aber Achtung: Wenn Sie es eher bequem mögen, dann überspringen Sie diesen Absatz …

10.000 – und keine weniger

Talent oder Fleiß – seit Jahren führen Fachleute die Diskussion, wie viel Talent man für Spitzenleistungen braucht und welche Rolle dabei der Übungspraxis zukommt.

Interessante Antworten lieferten 1993 der schwedische Psychologe K. Anders Ericsson und seine beiden deutschen Kollegen Ralf Krampe und Clemens Tesch-Römer.[28]

Die Forscher untersuchten junge Musiker, die an der Hochschule der Künste in Berlin Violine oder Klavier studierten und auf dem Weg waren, Profimusiker zu werden. Mithilfe der Professoren wurden die jungen Menschen in 3 Gruppen eingeteilt: zukünftige Weltklassestars, gute Profimusiker und solche, die eines Tages als Musiklehrer an Schulen Unterricht geben würden.

Alle drei Gruppen hatten etwa im Alter von 5 Jahren begonnen, ihr Instrument zu spielen, alle übten 2 oder 3 Stunden pro Tag. Im Alter von 8 Jahren zeigten sich die ersten Unterschiede, im Alter von 20 hatten die Elitemusiker und -musikerinnen insgesamt etwa 10.000 Stunden geübt, die »guten« Studierenden kamen auf etwa 8.000 Stunden Spielpraxis und die künftigen Musiklehrer auf knapp über 4.000 Stunden …

Das heißt, die absoluten Elitemusiker hatten nicht einfach nur mehr geübt, sondern *sehr viel* mehr! Da ist sie nun, die magische Zahl 10.000 …

Um etwas exzellent zu beherrschen,
ist eine enorme Zahl an Übungsstunden notwendig.

Auch bei weiteren Untersuchungen kam man auf ähnliche Ergebnisse: Egal, ob für Komponisten, Konzertpianisten, Sportler, Schachspieler, Zirkusakrobaten oder Geschäftsleute – es scheint, als benötigten das Gehirn und unser Körper sehr, sehr lange, um all das zu assimilieren, was nötig ist, um eine Tätigkeit wirklich exzellent zu beherrschen.

Auch wenn Sie und ich nicht unbedingt vorhaben, zur Weltspitze (in welcher Disziplin auch immer) aufzusteigen, so ist die Botschaft ganz klar: Stellen Sie sich auf konsequentes Üben, Trainieren, Wiederholen, Dranbleiben ein – egal, ob Sie sich neue, bessere Gewohnheiten aneignen oder besser mit sich oder anderen zurechtkommen wollen, ob es um den Aufbau eines zweiten beruflichen Standbeins geht oder die Besteigung des Mount Everest ansteht ... Konsequenz wird ab heute Ihr ständiger Begleiter sein.

Übrigens, wie viel sind denn 10.000 Stunden?

10.000 Stunden heißt: 3 Stunden täglich
(oder 20 Stunden wöchentlich)
über einen Zeitraum von 10 Jahren.

So, und bevor Sie sich für die nächsten 10 Jahre vom Rest der Welt verabschieden, um dann ganz *zufällig* als neuer Superstar aufzutauchen, nachfolgend noch ein paar Tipps, die Ihnen das Durchhalten (garantiert!) leichter machen:

Finishen – es geht weiter

Alles, was einen Anfang hat, hat auch ein Ende! Das gilt natürlich auch für unsere Projekte. Sie haben neue, bessere Gewohnheiten lang genug geübt, aufgebaut. Doch wann ist Schluss damit? In der Regel dann, wenn das neue, bessere Verhalten automatisiert ist, d.h., das Unbewusste übernimmt die Regie und steuert quasi nach »Autopilot«.

Im Idealfall haben Sie in Ihren Übungszeitraum ein *Enddatum* eingebaut.[29] Das steuern Sie an, das gilt es zu erreichen.

Jedes Projekt hat ein Enddatum. Projekte ohne
erreichtes Enddatum sind noch nicht fertig.

Wenn Sie das Enddatum erreicht haben, ist das Lern- bzw. Entwicklungsprojekt zu Ende. Ihr Bewusstsein schließt einen Kreis und legt es ab. Damit ist Platz für etwas *Neues*. Wenn Sie wollen, entkorken Sie eine Flasche Champagner oder gönnen sich die verdiente Kreuzfahrt im Mittelmeer. Gratulation! Davor macht es noch Sinn, sich zu überlegen, wie es weitergeht. Im Grunde gibt es drei Optionen:

(1) Beibehalten – Sie führen das Neue einfach weiter.
(2) Flexible Handhabung – Sie führen das Neue weiter, lockern aber die Bedingungen im Sinne von *Flexibilität*.
(3) Sie kehren zur alten Gewohnheit zurück.

Wofür Sie sich entscheiden, ist letztlich Ihre Sache. Mögliche Entscheidungskriterien können sein: Hat mich die neue Gewohnheit *stärker* gemacht? Hat mich das Neue näher zu dem gebracht, wie ich leben will, wer ich *sein* will? Unterstützt mich das Neue dabei, *glücklich* zu sein?

Und dann ist da noch Option Nummer (4): Da es so wunderbar geklappt hat, fangen Sie gleich ein nächstes Projekt an ...

KONSEQUENZ

Flexiquenz – die Kombination entscheidet

Mit Konsequenz haben wir einen wichtigen Entwicklungsbeschleuniger im Ressourcenpool. Aber auch er braucht, um wirksam zum Einsatz kommen zu können, einen gleichgewichtigen Gegenspieler – auch den haben wir bereits kennengelernt, die *Flexibilität*. Beide Kompetenzen – *Flexibilität* und *Konsequenz* – bringen ihre unschlagbaren Vorteile ins Spiel. Entscheidend ist das *Zusammenspiel* der beiden.

Flexiquenz ist das ideale Zusammenspiel von *Flexibilität* und *Konsequenz*.

Hartnäckiges Verbeißen in eine (aussichtslose) Sache nach dem Prinzip *mehr desselben* ist destruktiv – hier wäre Flexibilität gefragt! Und umgekehrt: Wer sich scheut, den steinigen Weg des Übens zu gehen, und ungeduldig von einer Idee zur nächsten springt, verwechselt (falsch verstandene) Flexibilität mit fehlender Konsequenz und Ausdauer!

Das heißt, auf das richtige Timing kommt es an. Flexibilität und Konsequenz kann man sich als zwei Pole auf einem Kontinuum vorstellen. Die zwei Gegenspieler verlangen jeweils genau das Gegenteil vom anderen Pol. Und am besten wäre es natürlich, wenn beide nicht nur gleich stark, sondern auch *gut* ausgeprägt sind!

Nehmen wir als Vergleich unsere beiden Beine heran. Wann springen, laufen, klettern, sprinten Sie am besten? Wenn beide *gleich stark* sind. Und wirklich leistungsfähig sind Sie dann, wenn *beide gut trainiert* sind! Na also.

Wenn eines Ihrer Beine *Flexibilität* verkörpert: Welches Bein ist das bei Ihnen? Das andere steht dann für *Konsequenz* – im wahrsten Sinn des Wortes. Manchmal stehen Sie auf beiden Beinen, und manchmal wechseln Sie zur Flexibilität, weil das mehr Sinn macht im Gesamtkontext. Dafür kommt bei einer anderen Situation die Konsequenz ins Spiel.

Ordnen Sie Flexibilität und Konsequenz symbolisch Ihren beiden Beinen zu. Trainieren Sie die schwächere Qualität, bis Sie über zwei gleichwertige, starke Partner verfügen.

Der *innere Manager* in Ihnen entscheidet anlassbezogen, welcher der beiden Spieler gerade das Kommando bekommt – und wer pausiert.

Chili-Impulse und Übungen

Die modernen Neurowissenschaften liefern zunehmend mehr Belege dafür, dass sich Ausdauer, Durchhaltevermögen, Selbstregulation und Disziplin trainieren lassen wie ein Muskel. Auch wenn Willenskraft individuell unterschiedlich ausgeprägt sein mag – mit Training kann sie gesteigert werden. Also nutzen wir diesen Spielraum!

[47] Impuls-Sätze Konsequenz
Ich gehe konsequent meinen Weg!
Ich halte durch!
Ich bin konsequenter als noch gestern!
Ich stärke meinen Willen!

Welcher der angeführten Sätze spricht Sie am meisten an? Schreiben Sie ihn auf und bringen Sie ihn an einer gut sichtbaren, günstigen Stelle an. Lassen Sie ihn für 2 Wochen da.

[48] Schwachpunkte aufspüren
Worin liegt für Sie üblicherweise der Knackpunkt bei persönlichen Entwicklungsprojekten: Ist es der Start? Das Durchhalten? Das Finishen? Fokussieren Sie ab jetzt auf diesen Schwachpunkt und verstärken Sie die Kette an Ihrem schwächsten Glied!

[49] Neue-Gewohnheiten-Liste
Legen Sie eine *Liste neuer Gewohnheiten* an: Schreiben Sie auf, was nützlich, sinnvoll, interessant für Sie wäre, wenn es einen fixen Platz in Ihrem Leben hätte. Wählen Sie aus diesen Themen drei aus, die Sie nacheinander (!) zu neuen, festen Gewohnheiten ausbauen. So beweisen Sie sich, dass es geht …

[50] 21-Tage-Regel
Nehmen Sie ein kleines, überschaubares Vorhaben, ein neues Verhalten, das in den Status einer Gewohnheit gehoben werden soll (z. B. den Autoschlüssel immer an dieselbe Stelle legen). Markieren Sie in Ihrem Kalender das Enddatum und fangen Sie an …

[51] 72-Stunden-Regel

Treffen Sie in den kommenden vier Wochen explizit Entscheidungen für kleine Vorhaben bewusst nur dann, wenn Sie sich gleichzeitig verpflichten, die Umsetzung nach der 72-Stunden-Regel zu starten!

[52] Rubikon-Prinzip

Setzen Sie ab jetzt bei wichtigen Projekten gezielt Rubikon ein: Definieren Sie explizit *den* Schritt in der Handlungskette, der für Sie Rubikon bedeutet. Überschreiten Sie dann diese magische Linie und machen Sie sich den *historischen* Moment bewusst: *Ich meine es ernst – ich überschreite den Rubikon.* Julius Caesar ist mit Ihnen!

[53] Das 21-Tage-*****Konsequenz-Training

Durchhaltevermögen lässt sich trainieren – egal, um welchen Lebensbereich es sich handelt: Ab jetzt ist *jede Tätigkeit,* bei der das Durchhalten, Dranbleiben und Abschließen einer (unangenehmen oder langwierigen) Sache gefordert sind, *gleichzeitig auch* eine Trainingseinheit, um Ihre Konsequenz und Willensstärke zu trainieren.

Während Sie im Tun sind, etikettieren Sie Ihr Handeln mit dem inneren Satz: *Ich tue das mit der Absicht, meine Konsequenz zu trainieren!* Idealerweise absolvieren Sie dafür ein dreiwöchiges Konsequenz-Training – Anleitung siehe Anhang!

ZUSAMMENFASSUNG

1. Gewohnheiten laufen halbautomatisch, gesteuert vom Unterbewusstsein, ab. Ihre Aufgabe besteht darin, uns das Leben in manchen Situationen zu erleichtern.
2. Zuerst bilden wir eine **Gewohnheit** aus, dann steuert die Gewohnheit uns.

3. Unser **Verhalten** ist **kurzfristig determiniert, langfristig veränderbar.**

4. Menschen verändern sich nur ungern, außer sie müssen es. Manchmal muss die Spannung richtig groß werden, um den ersten Schritt zu setzen.

5. Das **Rubikon-Prinzip** lehrt, einen entscheidenden ersten Schritt zu setzen, der das Umkehren unmöglich macht.

6. Die **72-Stunden-Regel** besagt: Alles, was wir innerhalb von 3 Tagen konkret angehen, hat eine große Chance auf Umsetzungserfolg.

7. Die **21-Tage-Regel** besagt, dass man ein Verhalten mindestens 3 Wochen üben muss, damit sich eine neue Gewohnheit ausbilden kann.

8. Die **10.000-Stunden-Regel** lehrt, dass es keine wirkliche Alternative zum Üben gibt. Spitzenleistungen sind nur mit Fleiß, Disziplin, Ausdauer – sprich: jahrelangem Üben – möglich.

9. Der **Trainingswert von »schlechten Tagen«** im Übungsprozess sollte nicht unterschätzt werden – auch sie werden auf das Konto der 10.000 Stunden gutgeschrieben.

10. *Konsequenz* und *Flexibilität* sind zwei wertvolle Kompetenzen, die sich wechselseitig in Balance halten. Im kraftvollen, ausgewogenen Zusammenspiel ergibt sich **Flexiquenz.**

11. **Satz der Konsequenz:** Übe so lange, bis du Erfolg hast! (**Satz der Flexibilität:** Wenn etwas nicht funktioniert, mach etwas anderes!)

Rubikon live

Ich stehe am Flussufer, schon bis zu den Knien im Wasser, gehe weiter hinein, bis zur Hüfte. Dann der Moment, in dem ich spüre, mich entscheiden zu müssen: abstoßen und schwimmen – oder umdrehen. Da ist das Zögern, Zaudern, ich möchte meine Entscheidung weit von mir schieben, abgeben, aber keiner nimmt sie. Es bleibt alles allein bei mir.

Es gibt kein Probeschwimmen bis zur Mitte, kein Üben, Ausprobieren, mal schauen, ob es geht. Das Ufer, an dem ich bin, lässt nur zu, dass ich mich entweder abstoße und schwimme oder hier stehen bleibe. Keine Kompromisse, kein Probehandeln, kein Austesten: Alles – oder nichts.

Mir ist bewusst, in dem Moment, in dem ich den Impuls setze, muss ich durch. Egal, ob ich scheitere oder es schaffe. Ich kenne weder Weg noch Ergebnis. Betrete völliges Neuland. Ich war noch nie an diesem Fluss, werde auch nie wieder in diesen Fluss steigen. Da sind die Zweifel am Mut, am Sinn, am Ausgang. Wenn ich schwimme, schwimme ich allein, ohne Unterstützung. Es ist letztlich meine alleinige Sache.

Ich tu es – oder ich tu es nicht.
Ich tu es für mich.

Und im selben *Augenblick,* während sich der letzte Zweifel zaghaft zu Wort melden will, spüre ich gleichzeitig: Da ist kein Grund mehr unter meinen Füßen –

Ich schwimme schon …
Ich schwimme schon *die längste Zeit …*

KNEIFEN gilt nicht –
wer einmal in mich reinbeißt,
muss konsequent dranbleiben …

BEVOR SIE WEITERMACHEN ...

Zu wissen und nichts umzusetzen heißt,
nichts gelernt zu haben.

Sie wissen jetzt alles, worauf es ankommt, und alles, was Ihnen noch fehlt, organisieren Sie sich einfach!

Es ist nicht immer notwendig, *alles* zur gleichen Zeit verfügbar zu haben – vielmehr hat Ihr Unbewusstes schon *das, was Sie zukünftig brauchen könnten,* sorgfältig *gespeichert,* um es Ihnen *spontan und mühelos* zur Verfügung stellen zu können, denn ...

- auf Anhieb zählen Sie **Flexibilität** zu einer Ihrer zentralen Stärken ...
- ... gefolgt von **Mut,** der gut trainiert immer dann verfügbar ist, wenn Sie ihn brauchen!
- **Loslassen?** Kein leeres Schlagwort! Sie verwenden alles, was das Leben bietet, und noch viel mehr, um rechtzeitig wieder loszulassen, damit nichts von Ihnen Besitz ergreift, was das Pulsieren des Lebens einschränkt!
- Tauchen Probleme auf, wissen Sie, dass das eine hervorragende Möglichkeit ist, sich in **Lösungsorientierung** zu üben – was sonst?
- **Selbstverantwortung** ist die Grundhaltung, an der Sie sich ausrichten: Jammern, Opferrolle und beruhigende Erklärungen überlassen Sie anderen!
- Und seitdem Sie **Kairos** kennen, öffnen sich Ihnen laufend günstige Möglichkeiten, die Sie dankbar aufgreifen und nutzen, denn
- **Kopf und Gefühl** sind ein eingespieltes Team, wenn es gilt, gute Entscheidungen zu treffen!

- Beim **Setzen von Ziele**n sind Sie ein wahrer Champion: Smarte Motto-Ziele müssen es sein, flankiert von cleveren Wenn-dann-Plänen ...
- ... um neue, bessere Gewohnheiten auszubilden! Das ist nicht immer einfach, aber Sie wissen sich zu helfen mit **Rubikon** und den Zahlen **72 und 21,**
- besonders, seitdem die Schlüsselkompetenz **Konsequenz** in Ihrem Leben einen wichtigen Platz einnimmt ...

So, und jetzt wird es Zeit für 5 + 2 ...

ALLE BÄLLE IN DER LUFT HALTEN
The Big Five + 2

Und wenn du eine hilfreiche Hand suchst,
findest du sie am Ende deines Arms.

VOLKSWEISHEIT

Wie schafft man es, das alles unter einen Hut zu kriegen? Mehrere persönliche Entwicklungsthemen und Vorhaben *gleichzeitig* im Auge zu behalten? Über einen längeren Zeitraum bei dem zu bleiben, was man für wichtig befunden hat?

IN DIESEM KAPITEL ERFAHREN SIE ...

- wie Sie mit der Methode 5 + 2 mehrere Entwicklungsthemen gleichzeitig im Auge behalten,
- worauf Sie dabei achten und
- dass Sie am besten gleich damit beginnen!

Haben Sie sich jemals überlegt, welch wundervolle Instrumente Ihre beiden Hände sind, was Sie damit alles tagtäglich tun? Jederzeit in Ihrem Sichtfeld, können sie präziseste Bewegungen ausführen und Sie gut mit allem versorgen, was Sie brauchen. Sie versorgen Ihren Körper mit Nahrung, sie pflegen ihn, schminken oder rasieren Ihr Gesicht, waschen Ihre Haare. Halten das Buch, das Sie lesen, schalten den PC ein, wenn Sie ins Internet wollen. Nehmen Kontakt auf mit anderen Menschen und verabschieden sie auch wieder. Sie umarmen, streicheln, arbeiten, malen, liebkosen, machen Musik mit Ihren Händen.

Ihre Hände sind ein Wunderwerk der Natur.

Auf jeder Hand sitzen 5 Finger – *The Big Five*.

Das ist kein Zufall. Es ist genau die Zahl, die wir Menschen gut im Blick haben. Und das werden wir uns gern zunutze machen ...

Wir sind so weit, das Geheimnis um 5 + 2 zu lüften: Sie bekommen ein einfaches und zugleich wirkungsvolles Tool *an die Hand*, mit dem Sie Ihre Projekte jederzeit *griffbereit* angeordnet haben.

Auf jedem Finger Ihrer *Chili-Hand* werden Sie Platz für *je ein Schlüsselthema* haben – genau die Themen, die Ihnen in der nächsten Zeit sehr wichtig sind und die Sie nicht aus den Augen verlieren wollen.

Schlüsselthemen

Es ist im Grunde ganz einfach:

Schlüsselthemen sind persönliche Ziele, Projekte oder Vorhaben, die Sie in den *kommenden 6 bis 9 Monaten* besonders vorantreiben wollen.

Das können sein:

(a) **persönliche Entwicklungsthemen**: Sie wollen bestimmte Stärken Ihrer Persönlichkeit ausbauen, z. B. einen Entwicklungsbeschleuniger wie *Mut, Flexibilität, besser Entscheiden,* oder ein verständnisvollerer Zuhörer werden, eine spezielle, bessere Gewohnheit in Ihr Leben bringen, usw. oder

(b) **Schlüsselprojekte**: Sie wollen sich Herzenswünsche erfüllen (z. B. die Wohnung verkaufen und aufs Land ziehen, in zwei Jahren in New York den ersten Marathon laufen, bis Jahresende die familiären Beziehungen geklärt haben, usw.)

Jetzt ist relativ schnell klar, wozu Schlüsselthemen gut sind:

Schlüsselthemen schaffen Überblick, helfen Prioritäten setzen und grenzen Wünsche auf ein sinnvolles Machbares ein (weniger ist eindeutig mehr).

So und jetzt wird es Zeit für das Herzstück …

Chili-Impulse und Übungen

[54] Schritt 1 – Themen auswählen
Definieren Sie Ihre Schlüsselthemen! Was ist Ihnen die kommenden 6 bis 9 Monate wichtig? Was hat oberste Priorität für Sie? Wofür wollen Sie Ihre Kraft und Energie einsetzen? Maximal 5 Themen dürfen es werden … Schreiben Sie sie als *Überschriften* auf!

[55] Schritt 2 – Hand festlegen
Entscheiden Sie: Welche Ihrer Hände wird Ihre *Chili-Hand*? Welche trägt zukünftig die Schlüsselthemen? Und welche assistiert dabei? Legen Sie die Chili-Hand auf ein Blatt Papier und zeichnen Sie die Umrisse mit einem Stift nach.

[56] Schritt 3 – Finger zuordnen

Jetzt haben Sie Ihre Hand auf dem Blatt abgebildet: Die 5 Finger werden zu den *Speicherplätzen* für Ihre Schlüsselthemen. Sie werden Sie daran erinnern, dass das jeweilige Vorhaben oder Ziel für Sie wichtig ist und dass Sie dafür etwas tun müssen! Ordnen Sie die Themen einzelnen Fingern zu – achten Sie auf einen möglichst sinnvollen Bezug (Was passt auf den Zeigefinger und nur dorthin? Was auf den Daumen?). Haben Sie weniger als 5 Themen (was am Anfang sogar gut ist), bleiben einige Finger leer!

[57] Schritt 4 – Ziele setzen

Setzen Sie sich zu jedem Thema *Ziele,* die Sie in den nächsten Monaten verfolgen wollen, und entscheiden Sie: Ist es angebracht 1 bis 3 konkrete, spezifische SMART-Ziele zu definieren oder ein Motto-Ziel zu formulieren? (Sie sind ja schon ein Profi im Zielesetzen!) Schreiben Sie alles auf das Blatt zum entsprechenden Finger (Sie wissen – Schriftlichkeit ist wesentlich!).

[58] Schritt 5 – Zeitraum festsetzen

Bevor wir es vergessen: Holen Sie Ihren Kalender! Schlagen Sie auf und zählen Sie nach: Wann sind die 6 bis 9 Monate um, von heute an gerechnet? Markieren Sie den Tag im Kalender (und reservieren Sie sich schon einmal einen Urlaubstag …!)

[59] Schritt 6 – Für Sichtbarkeit sorgen

Platzieren Sie das Blatt an einer für Sie günstigen Stelle – wo haben Sie es gut im Blickfeld? Wo können Sie es täglich mehrere Mal sehen?

Das Geheimnis der + 2

Wenn Sie alles in einer guten, für Sie stimmigen Art und Weise aufgesetzt haben, hat das 5 + 2-Konzept noch zwei weitere, besondere *Zustände* für Sie parat, die Sie in Ihrer Weiterentwicklung wunderbar unterstützen werden. Ich nenne sie die *Premium-Zustände*:

> ### [60] Premium-Zustand 1
>
> Nehmen Sie alle fünf Finger Ihrer *Chili-Hand* zusammen, sodass sich die Fingerspitzen leicht berühren. Ungefähr so, als würden Sie aus einem jahrtausendealten, wertvollen Salzgefäß eine kleine Prise aufnehmen. Drehen Sie jetzt Ihre Fingerspitzen nach oben …
>
> In diesem Moment wirken alle Ihre Projekte *zusammen,* stimmen sich ab, Differenzen und mögliche Unstimmigkeiten gleichen sich aus, ein tiefes Gefühl der Integrität und des Einsseins läuft durch Ihren *Körper,* durchflutet jede einzelne Zelle, läuft durch alle Nervenbahnen Ihres Gehirns.
>
> Quittieren Sie dieses *Gefühl der Ganzheit und Integrität* durch zwei, drei tiefe Atemzüge im völligen *Hier und Jetzt,* erinnern Sie sich Ihrer selbst und registrieren Sie, dass Ihre Körperlichkeit die Basis all dessen ist.
>
> Klopfen Sie ein paarmal sanft mit den Fingerspitzen auf das Brustbein auf Höhe der Thymusdrüse[31]. Spüren Sie Ihre körperliche Existenz und nehmen Sie alles an, was im Augenblick ist. Ihr Körper unterstützt Sie in Ihren Vorhaben …
>
> Machen Sie dieses kleine Ritual immer dann, wenn dafür (ohne Irritation für Ihr momentanes Umfeld) ein günstiger Zeitpunkt ist, um *sich Ihrer selbst zu erinnern* und Ihrem *Körper* zu zeigen, dass Sie und er da sind und Sie auf eine gute Art und Weise gemeinsam die Dinge erleben, die *einfach geschehen müssen* …

ALLE BÄLLE IN DER LUFT HALTEN

[61] Premium-Zustand 2

befindet sich *im Mittelpunkt Ihrer Chili-Handfläche.* Drehen Sie die Handfläche nach oben. Genau in der Mitte der Handfläche befindet sich eine sensible Region. Nehmen Sie zwei Finger der anderen Hand und streichen Sie kreisförmig über den Mittelpunkt der Handfläche. Hier laufen alle Ihre Projekte zusammen, haben ihren Ursprung, ihre Wurzel.

Wann immer Sie diese Stelle sanft drücken oder kreisförmig massieren, *erinnern Sie sich an Ihre Einzigartigkeit, den innersten Kern, den unzerstörbaren Tropfen, Ihre Lebendigkeit, Ihr höheres Selbst ... auf eine gute Weise eingebunden in ein größeres Ganzes.*

Noch etwas?

5 + 2 ist eine wunderbare Sache – Sie haben alle Ihre aktuellen, wichtigen Vorhaben gut geordnet *im Griff.* Übersichtlich, vor sich, *im Fokus.*

Wann immer Sie etwas mit Ihrer Chili-Hand tun, etwas berühren, angreifen, nehmen oder wieder loslassen, kann Sie das auf gute, stimmige Weise daran erinnern, dass Sie sich Wichtiges vorgenommen haben.

Haben Sie schließlich ein Ziel, ein Vorhaben erreicht bzw. ein Projekt für Sie positiv abgeschlossen, wird der Platz am entsprechenden Finger wieder frei – so frei, wie er vorher war.

ZUSAMMENFASSUNG

1. Es gibt nichts.
2. Es gibt nichts. Außer Sie tun es.

Zeigefinger

Ich sitze im Büro an meinem Schreibtisch. Unter meiner Schreibtischunterlage ist ein Blatt Papier, ich hole es hervor. In der Mitte des Blatts befindet sich die Kontur meiner rechten Hand; bei den einzelnen Fingerspitzen stehen die Schlüsselwörter meiner aktuellen Themen und Projekte.

Beim Zeigfinger steht »Chili«, darum herum einige Unterziele. Ich nehme einen Radiergummi … Das Buch, an dem ich seit dem Frühjahr gearbeitet habe, ist fertig. Das Projekt »Chili« ist abgeschlossen. Der Zeigefinger, der über ein halbes Jahr stellvertretend dieses Projekt getragen hat, ist wieder »frei«… Wie oft hat er mich erinnert, dranzubleiben, weiterzumachen, nicht aufzugeben?

Ich drehe den Kopf. Rechts hinten an der Wand auf dem Infobrett hängt ein Zettel mit einer leuchtend roten Chilischote.

Chili grinst mich an:

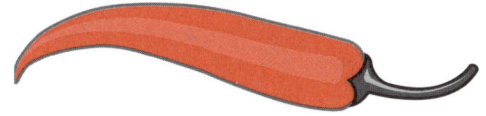

Na, mein Lieber,
was wäre 5 + 2 ohne MICH …

DAS 21-TAGE-*****REZEPT

Jeder Mensch kann sich von einer Sekunde
auf die andere verändern – auch wenn es
manchmal etwas länger dauert.
Egal.

Neugierig, wie Sie nun einmal sind, sind Sie hier gelandet, um sich mit einem höchst nützlichen, effektiven und spannenden Werkzeug bekannt zu machen: der *21-Tage-*****-Kur*. Die Sterne in der Bezeichnung sind nicht nur Ausdruck von Qualität, sondern auch Platzhalter – hier setzen Sie die *Qualität, Fähigkeit oder Tugend* ein, die Sie 21 Tage lang kurmäßig üben, trainieren, auf- und ausbauen wollen.

Die 21-Tage-*****-Kur ist ein Universalwerkzeug,
welches sich gut für Fähigkeiten und Tugenden wie Mut,
Selbstbewusstsein, Kontaktfreudigkeit, Entscheidungs-
freudigkeit, Konsequenz oder Flexibilität einsetzen lässt.

Sie brauchen:
- 1 Rezeptvordruck (am besten aus dem Buch kopieren oder unter www.5+2.at aus dem Netz downloaden),
- eine 1-Euro-Münze und
- die felsenfeste Überzeugung, dass jetzt der beste Zeitpunkt für eine *21-Tage-*****-Kur* ist –

… und schon kann es losgehen!
Am besten, wir schauen gleich dem Erfinder höchstpersönlich zu, wie das Ganze funktioniert:

Auf geht's – einer meiner größten Schwächen, der *Ungeduld,* wird jetzt zu Leibe gerückt! Ich hole mir einen Rezeptvordruck für die *21-Tage-*****-Kur* und lege los:

(1) Gleich zu Beginn schreibe ich oben im Titel vor die 5 Sterne das Wort *Geduld* – 3 Wochen möchte ich gezielt an meiner Geduld arbeiten und gelassener werden. Gleich darunter trage ich das Anfangsdatum (heute ist der 8. September) und das Enddatum meiner »Kur« (den 29. September) ein.

Wichtig sind also neben dem Festlegen des Themas auch ein klarer Anfang und ein definiertes Ende. Im nächsten Schritt wird das Ziel definiert:

(2) Jetzt wird es spannend! Wie hoch schätze ich auf einer Skala von 0 bis 10 meine durchschnittliche Geduld der letzten zwölf Monate ein? (0 … überhaupt keine Geduld, 10 … überaus geduldig). Es ist eine *spontane Baucheinschätzung* – ich setze meinen geschätzten »Geduldpegel bisher« mit »4« fest.
Wie hoch soll meine Geduld zukünftig sein? Was wünsche ich mir für mich selber? Was ist mittelfristig realistisch? Ich lege mich fest auf »Geduldpegel zukünftig: 7«.

Jetzt habe ich sowohl einen Ausgangswert als auch einen Wunsch-Zielwert, der sich gut anfühlt und den ich eines Tages erreicht haben möchte! Beides halte ich in den vorgesehenen Feldern des Rezepts fest.

(3) Nach diesen Vorbereitungen geht es *heute Abend* gleich los: Ich lege eine 1-Euro-Münze auf meinen Nachttisch. Jeden Abend vor dem Zubettgehen werde ich für die Dauer der Kur die Münze werfen: Ist das Ergebnis »Zahl«, ist der *nächste* Tag ein *aktiver Kurtag,* andernfalls habe ich einen *normalen Tag,* wie immer …

Jetzt kommt der Zufall ins Spiel[31]: Nicht alle Tage der kommenden drei Kurwochen werden für das Üben genutzt, sondern Meister Zufall bestimmt, was am nächsten Tag passiert.

Schließlich wollen wir es spannend und abwechslungsreich haben und das ist damit garantiert!

> (4) Es ist schon spät, ich schlüpfe unter die Decke, schnappe mir die Münze und – es ist »Zahl«! Das bedeutet, morgen ist ein *aktiver* Kurtag! Das wieder heißt, ich werde morgen früh *bereits mit dem Gefühl aufstehen*, über meinen Ziel-Geduldpegel von 7 zu verfügen – einen ganzen Tag lang, bis zum Schlafengehen! Aufregend: Der nächste Tag darf kommen!

Als Zweites greifen wir in der 21-Tage-*****-Kur auf das Prinzip des *So-tun-als-ob*[32] zurück: Unser Organismus merkt nämlich nicht immer, ob wir etwas geschickt simulieren oder es tatsächlich aus unserem innersten Wesen kommt. »Üben« wir nur lange genug in der Vorstellung, sind wir irgendwann der, der wir immer schon sein wollten ...

Wir laden uns also selbst ein, ein wenig mit der *Möglichkeit* zu kokettieren, *wie es wäre, wenn* wir schon immer über die heißersehnte Eigenschaft, Qualität, Fertigkeit verfügen würden – und beobachten genau, wie sich das anfühlt und welche Auswirkung das auf unser Verhalten hat.

Wenn Sie nachrechnen, werden Sie herausfinden, dass wahrscheinlich nur sehr wenig echte Kurtage in den drei Wochen vorkommen werden – das heißt, diese seltenen Tage gilt es wirklich aufmerksam zu nutzen!

Und am Ende der drei Wochen wartet hoffentlich schon eine kleine Kur-Abschlussfeier auf Sie ...

ZUSAMMENFASSUNG

1. Mit etwas aufzuhören ist viel schwieriger, als **etwas Neues zu beginnen** – das macht auch mehr Spaß.

2. Legen Sie das Thema fest, auf das Sie drei Wochen lang fokussieren möchten, sowie **Anfang und Ende** des Kurzeitraums.

3. **Ausgangswert und Wunsch-Zielwert** auf einer Skala von 0 bis 10 bestimmen.

4. Am Vorabend vor dem Zubettgehen mittels Münzwurf bestimmen, ob der nächste Tag *aktiv* oder *so wie immer* ist.

5. An **aktiven Tagen** *tun Sie so, als ob Sie schon immer* über den Wunsch-Zielwert verfügt hätten. Beobachten Sie, wie sich das anfühlt und welche Auswirkungen das auf Ihr Verhalten, Ihre Möglichkeiten und Ihre Umwelt hat.

6. Am Ende der Kur werten Sie Ihre Ergebnisse aus und feiern Erfolge.

7. Gute Leute sind gut.
   Gute Leute wissen, warum sie gut sind.
   Gute Leute arbeiten an sich, um besser zu werden.

Alles Gute!

Paah! Viel zu kompliziert!
MICH gibt's auch ohne Rezept!

Rezept für eine

21-TAGE-*****-KUR

1. Zeitraum

Von: _____ bis: _____.

2. Kur-Zielvereinbarung

_____-**Pegel bisher** (Durchschnitt 12 Monate):

⇢ _____ (Skala 0 … 10)

Zielpegel zukünftig:

⇢ _____ (Skala 0 … 10)

---

3. Durchführung

Am Vorabend vor dem Zubettgehen eine 1-Euro-Münze werfen: Ist das Ergebnis »Zahl«, dann ist der folgende Kurtag »aktiv«, andernfalls »normal«:

Aktiv: den ganzen Tag **So-tun-als-ob** man schon immer über den Zielpegel verfügt hätte, und genau beobachten, was passiert!

Normal: nichts Besonderes tun, so sein wie immer …

Spielregeln

- Ich gefährde/schädige weder mich noch andere.
- Ich behalte die Kur für mich.
- Alles kann, nichts muss passieren.
- »Fehler« sind o. k., da es ein Experiment ist.

ES GEHT WEITER ...

Es geht weiter,
weiter, als du denkst ...

      EIN IRONMAN AUF HAWAII

Bravo! – das sollte auch einmal gesagt sein. Sie haben sich mit *Ihren* Themen auseinandergesetzt, die für Sie zentralsten Punkte herausgeholt und arbeiten an der Umsetzung dessen, was Ihnen wichtig ist.

    Das Buch findet langsam sein Ende – aber bei Ihnen geht es erst richtig los! Daher an dieser Stelle vielleicht noch drei kleine, aber wichtige Hinweise *für Ihre Reise:*

Erstens

Viele erliegen dem Irrtum, dass sich automatisch das Können einstellt, wenn sie über etwas Bescheid *wissen!* Doch dazwischen liegen Welten:

Kennen ist nicht gleich können.

Wenn ich beispielsweise *weiß,* wie das aktuelle Schnupfenvirus unter dem Mikroskop aussieht, welche Bezeichnung es trägt, wie es sich verbreitet usw., hilft mir das nicht weiter, wenn ich mit rinnender Nase herumlaufe – ich muss auch etwas *tun!*

    Im nächsten Kapitel finden Sie eine Zusammenfassung aller Chili-**Impulse und Übungen** – gehen Sie sie noch einmal durch und finden Sie heraus, welche Sie am effektivsten weiterbringen – und dann *tun Sie* was!

Zweitens

Sie setzen sich Ziele? Fein. Sie erzählen gerne anderen davon? Nicht so gut! Warum?

Prinzipiell ist nichts dagegen einzuwenden, unsere Liebsten und Freunde an unseren Vorhaben und Plänen teilhaben zu lassen. Der Hintergedanke ist meist, dass es uns leichterfällt, durchzuhalten, wenn wir unsere Vorhaben erst einmal öffentlich angekündigt haben – denn wer blamiert sich schon gerne?

Doch das stimmt leider nicht so ganz, wie Peter Gollwitzer in mehreren Studien nachweisen konnte:[33] In allen seinen Versuchen zeigte sich: Wer seine Ziele für sich behielt, widmete sich ihnen mit mehr Eifer und Konsequenz! Denn:

Die Offenlegung unserer Ziele untergräbt unsere Disziplin.

Wie kann man sich das erklären? Nun, sobald wir jemandem von einem wichtigen Vorhaben erzählen, erzeugt das in uns das trügerische Gefühl, dieses Ziel bereits erreicht zu haben: Bereits *im Moment des Erzählens* stellt sich so etwas wie ein Erfolgsgefühl ein – meist zulasten der Disziplin, die wir eigentlich für die Aufgabe benötigten. Das heißt:

Behalten Sie Ihre Ziele und Vorhaben für sich.
Es macht noch mehr Spaß, wenn Sie berichten können, dass Sie etwas geschafft haben!

Drittens

Kennen Sie Ihre wichtigste Verbündete? Es ist Geduld! Entwicklung braucht Zeit. Persönlichkeit, Ausstrahlung und Charisma entwickeln, neue, bessere Gewohnheiten aufbauen ebenso. Wenn Sie nachhaltige Erfolge wollen, werden Sie um Geduld nicht herumkommen. Also entwickeln Sie Geduld, wenn sie nicht schon eine Charaktereigenschaft von Ihnen ist!

Geduld ist Ihre wichtigste Verbündete.

Eng damit verknüpft ist auch *Belohnungsaufschub*[34] – ein Begriff aus der Psychologie, der besagt, dass im Leben eine Belohnung oft nicht sofort, sondern verzögert erfolgt (wie beispielsweise die Entscheidung, heute Abend ins Fitnessstudio zu gehen, um etwas für die *zukünftige* Fitness zu tun, statt daheimzubleiben und sich einen Film anzusehen).

Belohnungsaufschub ist die Fähigkeit, auf eine unmittelbare Belohnung zu verzichten – zugunsten einer größeren, in der Zukunft liegenden Belohnung.

Also: Treffen Sie Entscheidungen die längerfristig für Sie gut sind, statt nur den unmittelbaren Nutzen zu maximieren. Denn: Ganz egal, was Sie tun – ob beruflich oder im Privatleben –: Wenn Ihnen Belohnungsaufschub leichtfällt, haben Sie die besseren Voraussetzungen, um sich erfolgreich in der Welt zu bewegen …

ES GEHT WEITER …

ZUSAMMENFASSUNG

1. Kennen ist nicht **können**.
   Hüten Sie sich vor der trügerischen Sicherheit, dass Sie Bescheid *wissen*.
2. Behalten Sie wichtige **Ziele für sich**.
3. Haben Sie **Geduld** und denken Sie langfristig.
   Gute Leute wissen, warum sie gut sind.
   Gute Leute arbeiten an sich, um besser zu werden.

ALLE CHILI-IMPULSE AUF EINEN BLICK

Hier gibt es eine Übersicht aller Chili-Impulse. Was hat Sie im Buch am stärksten angesprochen? Welche Schlüsselqualitäten können Ihre Entwicklung am nachhaltigsten beschleunigen?

Kreuzen Sie interessante Punkte ⊠ an (d. h. für Sie relevant und wichtig, Ihre Lebensqualität erhöhend). Und alles, woran Sie bereits gearbeitet haben, markieren Sie so: ■

Alles Gute!

1. Flexibilität
- ☐ Impuls-Sätze Flexibilität [1]
- ☐ Flexibilitäts-Konsequenz-Gegenüberstellung [2]
- ☐ Flexibilität – Einstellung [3]
- ☐ Konzept der permanenten Veränderung [4]
- ☐ Körperliche Flexibilität [5]
- ☐ 21-Tage-*****Flexibilitäts-Kur [6]

2. Mut
- ☐ Impuls-Sätze Mut [7]
- ☐ Komfortzonen-Projekte [8]
- ☐ Mut-Skala einrichten [9]
- ☐ Alltag als Mut-Übung [10]
- ☐ Selbstüberwindung trainieren [11]
- ☐ Die 21-Tage-*****Mut-Kur [12]

3. Loslassen
- ☐ Impuls-Satz Loslassen [13]
- ☐ Loslass-Liste [14]
- ☐ Leere Hände [15]
- ☐ Gewohnheiten, Traditionen, Routinen [16]
- ☐ Außen wie innen [17]

- ☐ Loslass-Rituale [18]
- ☐ Die Sedona-Methode [19]

4. Lösungsorientierung
- ☐ Impuls-Sätze Lösungsorientierung [20]
- ☐ Entscheidung [21]
- ☐ So-tun-als-ob [22]
- ☐ Training Lösungsorientierung [23]
- ☐ Training Vorwürfe [24]

5. Selbstverantwortung
- ☐ Impuls-Satz Selbstverantwortung [25]
- ☐ Entscheidung zur Selbstverantwortung [26]
- ☐ Dritte Person [27]
- ☐ Ersetzen von »Ich kann nicht« durch »Ich will nicht« [28]
- ☐ Innere Monologe [29]

6. Kairos
- ☐ Impuls-Sätze Kairos [30]
- ☐ Training richtiger Moment [31]
- ☐ Chancenfenster [32]
- ☐ Kairos-Check [33]
- ☐ Experiment Aufstehen [34]
- ☐ Zusammenspiel Chronos – Kairos [35]

7. Gut entscheiden
- ☐ Impuls-Sätze Entscheidungen [36]
- ☐ Sportlich entscheiden [37]
- ☐ 3-Wochen-Training somatische Marker [38]
- ☐ 3-Wochen-Training Denkpause [39]
- ☐ Nein-Entscheidungen [40]
- ☐ Die 21-Tage-*****Entscheidungs-Kur [41]

8. Zielorientierung
- ☐ Impuls-Sätze Zielorientierung [42]
- ☐ Mit SMART-Zielen arbeiten [43]
- ☐ Motto-Ziele bauen [44]
- ☐ Wenn-dann-Pläne erproben [45]
- ☐ Plan B [46]

9. Konsequenz
- ☐ Impuls-Sätze Konsequenz [47]
- ☐ Schwachpunkt aufspüren [48]
- ☐ Neue-Gewohnheiten-Liste [49]
- ☐ 21-Tage-Regel [50]
- ☐ 72-Stunden-Regel [51]
- ☐ Rubikon-Prinzip [52]
- ☐ Das 21-Tage-*****-Konsequenz-Training [53]

Alle Bälle in der Luft: The Big Five + 2
- ☐ Schritt 1 bis 6 [54–59]
- ☐ Premium-Zustand 1 [60]
- ☐ Premium-Zustand 2 [61]

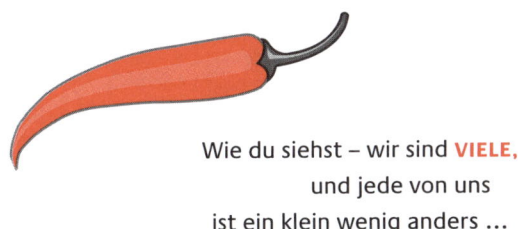

Wie du siehst – wir sind VIELE,
und jede von uns
ist ein klein wenig anders …

ANMERKUNGEN

1   Der scharfe Stoff im Chili, das Capsaicin, löst keine eigene Geschmacksreaktion im Mund aus, sondern reizt die Schmerzrezeptoren. Durch diesen Schmerzreiz werden im Körper Endorphine freigesetzt, was wohl bei vielen eine Ursache für die »Sucht« nach Chili ist ...

2   Tesch, Margarete, Cattani, Franchita: *Ein Kurs in Wundern. Einleitung im Handbuch für Lehrer.* Greuthof 2010.

3   Also das weite Feld aller Einschränkungen, das wir definitiv nicht überwinden können. Obwohl auch das hin und wieder vorkommen soll: Wie wäre es beispielsweise, die Schwerkraft außer Kraft zu setzen und übers Wasser zu laufen? Was ja auch schon einmal jemandem gelungen sein soll ...

4   Dwoskin, Hale: *Die Sedona-Methode. Wie Sie sich von emotionalem Ballast befreien und Ihre Wünsche verwirklichen.* Vak-Verlag 2010.

5   Problemorientierung hat in manchen Bereichen durchaus ihre Existenzberechtigung und ist dort auch sehr wichtig: etwa im Fehlermanagement oder in der Risikoforschung. Also immer dann, wenn es um Sicherheit geht und um die Frage, wie man zukünftige potenzielle Fehler und (technische) Probleme vermeiden kann.

6   Aus: Weber, Gunthard: *Zweierlei Glück. Das Familienstellen Bert Hellingers.* Carl Auer 2010.

7   Die witzige Idee, aus dem vertrackten Eisbären-Problem eine eigene Lösung abzuleiten, habe ich dankenswerterweise von meinem Kollegen Thoma, Christoph: *Eisbärenschritte. Die Kraft der Lösung steckt im Problem.* Amstetten, ISKAM 2011. Und welche Lösung fällt Ihnen ein?

8   In voller Länge geht das Zitat so: »Behandle die Menschen so, als wären sie, was sie sein sollten, und du hilfst ihnen zu werden, was sie sein können« – aber wer hat heutzutage noch die Zeit, das in einem Stück zu lesen und auf sich wirken zu lassen?

9 Die Schattenseiten seiner Persönlichkeit kann er/sie ja gerne woanders ausleben ...

10 Beispiel in Anlehnung an: Prior, Manfred: *Minimax für Lehrer*, Seite 15–16. Weinheim/Basel, Beltz 2009.

11 Grundsatz der lösungsfokussierten systemischen Therapie: Jeder Mensch hat die Möglichkeit, sich von einem Moment auf den anderen zu verändern, wenn er es nur wirklich will!

12 Kofmann, Fred: *Meta-Management. Der neue Weg zu einer effektiven Führung*. Kamphausen 2005.

13 Die Idee zu diesem inspirierenden Gedankengang stammt von Lightman, Alan: *Und immer wieder die Zeit – Einstein's Dreams*. Knaur 2004.

14 Somatisch (griechisch), den Körper betreffend, und Marker für markieren.

15 Ein plausibles Beispiel liefert der Posteingang Ihres Mailprogramms: Wenn Sie die Absender der eingegangenen Nachrichten überfliegen, haben Sie sofort zu jedem einzelnen Namen ein bestimmtes Gefühl, unabhängig vom Inhalt der gerade aktuellen Nachricht.

16 Dass das Bauchgefühl allein nicht zwangsläufig zu besseren Entscheidungen führt, zeigt auch der Umstand, dass zu einer Sache auch höchst widersprüchliche, verschiedene somatische Marker vorhanden sein können.

17 vgl. auch: Storch, Maja: *Das Geheimnis kluger Entscheidungen. Von Bauchgefühl und Körpersignalen*. Piper 2011.

18 Diese Erkenntnisse verdanken wir insbesondere Sheena Lyengar, Professor of Business an der Columbia University. Lyengar, Sheena: *The Art of Choosing*. Twelve 2010.

19 Beste Einkaufsstrategie wäre: Ihre beste Freundin, die Sie begleitet, hält das Preisetikett des tollen T-Shirts mit einer Hand zu. Jetzt legen Sie für sich einen Preis fest, den das Teil für Sie wert ist: »Was bin ich bereit, maximal dafür auszugeben?« Dann erst wird nachgeschaut ...

20 Das Ziegenproblem, im angelsächsischen Sprachraum unter »Monty Hall Problem« bekannt, geht auf die Spielshow Let's Make a Deal zurück, die vor allem in den Sechziger und Siebzigerjahren populär war. Heute gilt das Ziegenproblem als »Königin der Denkillusionen« – ein anschauliches Beispiel, wie auch unser so sehr gelobter Intellekt irren kann ...

aber auch das Bauchgefühl nicht immer wirklich weiterhilft. Die amerikanischen Autorin Marilyn vos Savant (die übrigens als Frau mit dem höchsten je gemessenen IQ gilt), antwortete 1990 auf einen Leserbrief von Craig F. Whitaker aus Columbia, Maryland, an ihre Kolumne im Parade Magazine: Sie vertrat die Auffassung, dass es beim »Ziegenproblem« jedenfalls besser sei, das Tor zu wechseln – und löste damit eine weltweite Debatte aus. Mehr als 90 Prozent der mit dieser Aufgabe Konfrontierten widersprachen ihr und waren der Meinung, dass das Auto ebenso gut hinter der einen wie der anderen Tür stehen könne – daher entschieden sich fast alle, bei der ursprünglichen Tür zu bleiben. Heute gibt es dazu eine Reihe von einleuchtenden Erklärungen und Beweisen. Das Internet, allen voran Wikipedia, gibt dazu gerne Auskunft.

21 Siehe beispielsweise: Storch, Maja: »Motto-Ziele, S.M.A.R.T.-Ziele und Motivation.« In: Birgmeier Bernd (Hrsg.): *Coachingwissen. Denn sie wissen nicht, was sie tun?* Wiesbaden, VS Verlag für Sozialwissenschaften 2009.

22 Die Wirkung der Wenn-dann-Sätze ist in vielen Studien gezeigt worden; 2006 haben Peter Gollwitzer und Paschal Sheeran sie in einer Metaanalyse zusammengefasst: Gollwitzer, P. M., & Sheeran, P.: »Implementation intentions and goal achievement: A meta-analysis of effects and processes.« *Advances in Experimental Social Psychology,* 38, 69-119. 2006.

23 Duncan, R. William.: *Thailand. A Complete Guide.* Rutland 1976.

24 In dem Sinne haben wir keinen freien Willen, sondern was wir als Nächstes tun, ist durch den vorherigen Zustand unseres Gehirns festgelegt. Aber wir können dazulernen, genauso, wie wir den Zustand des Kühlschrankes ändern, indem wir einkaufen gehen!

25 Aber was machen wir stattdessen? Wir optimieren uns weiter dort, wo wir bereits gut sind. Doch das ändert am Grundproblem überhaupt nichts. Wenn ich beispielsweise Startschwierigkeiten habe, hilft es mir nicht, wenn ich mein Durchhaltevermögen weiter trainiere …

26 Das dürfte auch der Grund sein, warum Silvestervorsätze nicht funktionieren.

27 Varianten dazu findet man im Internet auch unter dem Begriff 30-Tage-Experiment.

ANMERKUNGEN

28 Ericsson, K. Anders, Krampe, Ralf Th., and Tesch-Romer, Clemens: »The Role of Deliberate Practice in the Acquisition of Expert Performance.« *Psychological Review* Vol. 100. No. 3, 363–406, 1993.

29 Profis halten ihr Enddatum schriftlich fest – z. B. mit einem Eintrag im Kalender …

30 Die Thymusdrüse liegt in der Mitte der Brust, hinter dem oberen Teil des Brustbeins. Sie spielt bei der Immunabwehr im Körper eine wichtige Rolle.

31 Die Idee, den Zufall mittels Münzwurf in Entwicklungsprozesse einzubauen, geht u. a. zurück auf Steve de Shazer. Siehe beispielsweise: de Shazer, Steve: *Der Dreh. Überraschende Wendungen und Lösungen in der Kurzzeittherapie.* Heidelberg, Carl Auer 2004.

32 Das Prinzip So-tun-als-ob kann man auch als den »kleinen Bruder« der Wunderfrage bezeichnen, die ebenfalls auf Steve de Shazer und seine Ehefrau Insoo Kim Berg zurückgeht.

33 Gollwitzer, P. & Sheeran, P. & Michalski, V. & Seifert E.: »When Intentions Go Public. Does Social Reality Widen the Intention-Behavior Gap?« *Psychological Science* 20 (5): 612–618. 2009.

34 Bekanntestes Beispiel ist das Experiment von Walter Mischel in den 1960er-Jahren – auch bekannt als Marshmallow-Test: Kleinen Kindern wurde eine Süßigkeit angeboten. Sie wurden vor die Wahl gestellt, sie entweder gleich zu essen oder ein zweites Bonbon zu bekommen, wenn sie einige Minuten warten konnten, ohne das erste Bonbon zu essen. In einer Längsschnittstudie fand Mischel später heraus, dass die Fähigkeit zum Belohnungsaufschub ein verlässlicher Indikator für späteren akademischen Erfolg und eine Reihe von positiven Persönlichkeitseigenschaften ist … na bitte!

KONTAKT UND INTERNET

Ich habe vor, dieses Buch für spätere Auflagen zu überarbeiten. Dazu sind Ihre Kommentare, Erfahrungsberichte und Ergänzungen wichtig. Bitte schreiben Sie mir an:

info@5plus2.at

Oder stellen Sie einen Kommentar zum Buch auf die Website. Hier finden Sie auch weitere Downloads, den Vordruck zur 21-Tage-*****-Kur und vieles mehr:

www.5plus2.at

Die Chili-Impulse gibt es auch auf Facebook! Holen Sie sich die neuesten Anregungen und diskutieren Sie mit anderen Leserinnen und Lesern:

www.facebook.com/einfach.Chili

Seminare

Es gibt auch Seminare zum Buch, die mehrmals pro Jahr an ausgesuchten, schönen Orten (Toskana, La Gomera, Kroatien…) Persönlichkeitsentwicklung mit dem Auftanken von Körper, Seele und Geist verbinden. Die aktuellen Termine finden Sie auf der Website: **www.5plus2.at**

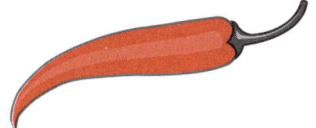

… und ich bin natürlich auch dabei …

ELIZABETH GUMMESSON
Mir reicht's!
So befreist du dich aus
Perfektionismus und Burnout

Die Kunst, das Leben entspannt zu genießen

Den eigenen Perfektionismus bändigen – und endlich lernen, nein zu sagen: Die schwedische Erfolgsautorin macht Lust auf Veränderung, um Stress und Burnout dauerhaft vorzubeugen.

Sie beschreibt Wege zu innerer Ruhe und Lebensfreude, zu neuer Leistungsfähigkeit und Kreativität. Mit sympathischer Offenheit gibt sie Rat, wie man neue Prioritäten setzt und zu mehr Gelassenheit findet. Mit vielen Übungen und Denkanstößen für Beruf und Zuhause, das Verhältnis zu Familie und Kollegen, für Freizeit und Gesundheit.

»Für den schwedischen Coach Elizabeth Gummesson ist der Perfektionismus, mit dem viele Menschen ihr Leben zu bändigen versuchen das Grundproblem. In ihrem mit vielen Übungen angereicherten Buch »Mir reicht's« zeigt sie den Weg, sich aus dem krank machenden Hamsterrad zu befreien.«
buchjournal

Elizabeth Gummesson
Mir reicht's!
So befreist du dich aus Perfektionismus
und Burnout
broschiert, 280 Seiten
ISBN 978-3-407-85944-0

BELTZ

»Am Ende zählt nur, wie wichtig du dir selbst bist.«

Peter Schilling

Schonungslos ehrlich und berührend beschreibt der international berühmt gewordene Sänger Peter Schilling, wie es ihm gelang, nach seinem Burnout wieder zu sich selbst zu finden.

Was er erlebt hat, kann vielen von uns passieren: Gerade wenn du in deinem Leben Erfolg haben willst, stellt dir dein mangelnder Selbstwert ein Bein. Peter Schilling zählt zu den erfolgreichsten Künstlern der 80er-Jahre – sein »Major Tom – Völlig losgelöst« kennt heute noch fast jeder. Sein Weg führte ihn vom Kind aus sozial schwachen Verhältnissen mit durchlebter häuslicher Gewalt zum Popstar auf internationalen Bühnen mit Welterfolgen – und dann in den Zusammenbruch. Heute steht er wieder auf großen Bühnen.

Aus eigener schmerzhafter Lebenserfahrung gibt Peter Schilling seinen Lesern Rat, wie man sich vom Gefühl, »nichts wert zu sein«, befreien und zu einem erfüllten, glückhaften Leben finden kann. Und er rät, nicht auf den Erfolg zu warten, sondern zeigt, wie wir ihn uns selbst machen können.

Peter Schilling
Völlig losgelöst
Mein langer Weg zum Selbstwert
– vom Burnout zurück ins Leben
gebunden, 216 Seiten
ISBN 978-3-407-85962-4